［著］河上睦子
KAWAKAMI Mutsuko

「人間とは食べるところのものである」

—「食の哲学」構想—

(Der Mensch ist, was er ißt.)

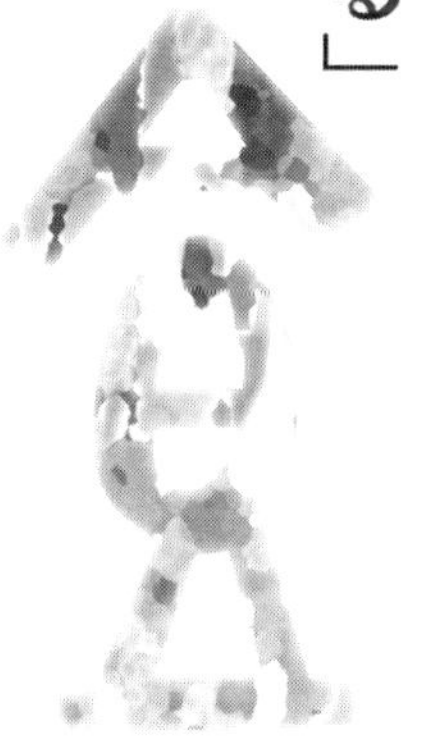

社会評論社

「人間とは食べるところのものである」（Der Mensch ist, was er ißt.）

―「食の哲学」構想―

目次

はじめに

「人間とは食べるところのものである。」'Der Mensch ist, was er ißt'

これは、一九世紀ドイツの哲学者フォイエルバッハ（Ludwig Andreas Feuerbach, 1804—1872）の言説である。この彼の言説は、多くの人々がまだ飢えや貧苦と闘っていた一九世紀後半のヨーロッパではほとんど知られなかったが、二〇世紀後半以降の世界の「食」ブームのなかですこしずつ注目されるようになった。とくに最近のネット社会の日本で「名言集」に掲載され、それがフォイエルバッハという哲学者の言説であることが少しずつ知られるようになっている。それでもこの名言は単純で明瞭な事実を述べたものに過ぎないと受け止められているだけでなく、作者不詳の名言であるとか、なかには食関連の著者が自分の言葉であるかのように使われてきた。それゆえこの名言に込められたフォイエルバッハの言説の意味はもちろん、それが語られた思想的背景や内容についてもこれまで認識・理解されることはほとんどなかったようである。

私は長年フォイエルバッハ哲学を研究してきたが、これまでこの名言について注目し深く考えることをしてこなかった。私自身、この言説は彼の後期思想に属するもので、その一環の思想だととらえるだけで、それがもつ固有の意味内容を認識していなかった。しかしこの言説が、単に彼が生きた一九世紀のドイツの思想圏に属する問題だけでなく、それが語られた時間・空間の制限を超えて、人間の「食」の「本質」にかかわるものであることを認識するようになったのは、近年、食の思想研究をするようになってからである。

フォイエルバッハは、このいわば「人間にとってあたり前のこと」をなぜ語ろうとしたのだろうか。またこの言説が名言として今日注目されるのはなぜなのだろうか。この名言に込められた意味とはなんだろうか。二一世紀の「自由」で「多様」でグローバルな「豊食」に生きる（日本の）私たちにとって、この名言は何を示唆しているのだろうか。

ところで現代日本の食状況は「豊食・飽食・崩食」であるといわれ、そこには多くの「食」の問題があるにもかかわらず、そのことについて根底的な考究がなされていないように思う。とりわけ、ものごとについての真理探究を心掛ける哲学には、食の研究はほとんどなされていないだけでなく、食の哲学は欠如したままといってよい。食に関する哲学的著作はほとんどないような状況である。それはなぜなのだろうか。この問いは、哲学自体への問いを含むが、食の哲学はいまなお未開拓の領域のようである。食についての本格的な学問・科学が起こってくるのは二〇世紀以降であり、二一世紀が「食の時代」といわれるほどに、食は現代の重要関心事になったにもかかわらず、食の哲学はいまだ端緒の段階にあるようである。こうした食の状況を踏まえたうえで、食の哲学的考究とはどういうものか、考える必要があろう。

私は七年前に「食」の研究書（『いま、なぜ食の思想か』社会評論社、二〇一五年）を著したが、その著の執筆のなかで私自身がもっとも気がかりだったのは、以下のことであった。「食」は自分だけでなく、身近な人や他の人たちのいのち、生きること、生活、仕事、心身のあり方、人間同士や動植物・自然や環境などとかかわっているにもかかわらず、哲学の主題とされてこなかったのはなぜなのだろうか。「食」は古来、多くの問題を抱えているにもかかわらず、哲学はそれについて真剣に取り組んでこなかったのはなぜなのかということであった。もちろん哲学は古代から現代に至るまで人間の「生」に関連した多様な問題について主題としてきたが、食を主題として考究した哲学者はほとんどいないといってもよい。その理由を含めて、それ以降、私は哲学における「食」への関わりについて考えるようになり、私自身の研究主題であったフォイエルバッハの「食の哲学」についても本格的に取り組むようになった。

本書の**第I部**は、そうした私のフォイエルバッハの「食の哲学」研究である。フォイエルバッハの「食」についての見解・理論は、ほとんどが宗教批判哲学のなかで展開されており、食だけを主題にしたものは二つの著作しかない。それゆえ彼の哲学・思想のなかでの「食」を主題化して論究したものは、これまでほとんどなかったといってよいだろう。「食」とは人間にとってどういう意味をもっているのか、人間が食することとはどういうことなのか、どうして人間は食に関して相反する決まりなどを作ってきたのか。食をめぐっての宗教的営みはどういう意味をもっているのか。そうした食に関する根源的な問いを追究しようとしたフォイエルバッハの食の哲学の思索をここでは注目したいと思う。

それゆえ、**第Ⅰ部**は、哲学という視角からの「食の理論」の入り口・端緒を求めて、フォイエルバッハという一九世紀の「孤独な晩年を生きた」哲学者によって始まったと思われる「食」の「哲学構想」についての理論的紹介という限定されたものである。「食の哲学」とはどういうものであるのか、食の哲学がなぜいまもなお欠如しているのか、これらの問題に関心のある方のみに向けて書かれている。それゆえに、私たちの食の「現実的」問題などについて関心のある方は、第Ⅱ部から先に読んでいただきたいと思う。

本書の**第Ⅱ部**は、現代社会における「食」が抱える問題群についての考察である。私たちの**いのち**を支える「食」は、歴史・文化・生活のなかで変化しつつも、人間の生命・生存を支える不可欠の基盤・要件として保障されねばならないものであるだろう。しかし現代社会においては、近代以降の産業化や技術化のもとで、食は地域・文化を超えてグローバルなものとなり、そのあり方そのものが変化している。食を支える生産や消費のあり方が変化し、食の世界全体が見えなくなって、「北」の「豊食・美食・飽食」と「南」の「貧困・飢餓・欠食」という対立・分断構図のただなかに置かれているといってもよい。そうした状況下では私たちにとって、食の役割や意味も不明瞭になりつつあるのは当然であろう。現代人はなぜこのような「食」の「現実」を真剣に問おうとしないのだろうか。

現代日本の食の世界は、「孤食」、「共食」、「食事のケア」、「ジェンダー」などの食事にかかわる問題だけでなく、食料の「グローバル化」に伴う「食料自給」「格差」「食料廃棄」「環境汚染」など、その他多くの問題に直面している。にもかかわらず、その解決策すら見えてこないように思う。第Ⅱ部はそうした現代日本の食の世界が抱える問題について考えたものである。

ところで私がそうした食研究を続けているさなかに、世界は新型コロナのパンデミックによって、私たちの生活・経済・仕事・学業・文化・人々との交流などを制限せざるをえないという「人類的な大惨事」「文明的な危機」に遭遇した。これは個々人の暮らしだけではなく、人間自身の生き方や人間関係、社会のあり方までも徐々に変えつつあるようである。コロナ以前まで私的個的空間を超えて広がっていた生活圏が、コロナ後は狭い私的空間へと閉じ込められつつある。いまや私たちの世界はマスクによって声を失いつつあり、人間同士の直接的コミュニケーションに代わって、ＡＩやデジタルやリモートなどの間接的な通信機器を介した交流が支配的になりつつある。そしてコロナ以前に交流していた親しい仲間や友人たちとの会食も途絶え、家族のみの閉ざされた会話なき食空間が支配的になってきた。そうして日々の食糧の確保も困難になり、新たに登場したデリバリーやスマホ経由の宅配食が日常化するようになった。そうしたなかでは食の味覚の楽しさやおいしさという感性自体が薄れるようになっている。こうしたコロナ禍で新たに見えてきた現代日本の食の世界が抱えている問題についても、この著で考えてみた。

第Ⅰ部　フォイエルバッハの「食の哲学」

第Ⅰ部　まえがき

第Ⅰ部は、フォイエルバッハ（Ludwig Feuerbach,1804-1872）の食の哲学構想についての研究である。

フォイエルバッハは、一般的には一九世紀のヘーゲル左派の哲学者として、主著『キリスト教の本質WC』や『将来哲学の根本命題GPZ』に代表される（近代）キリスト教への批判的哲学者と知られている。しかし彼の宗教批判哲学・思想は、マルクスなどによって歴史的使命は終了したといわれて以降、あまり注目されなくなっていった。しかし彼の哲学思想は、そうした批判とは別に、キリスト教だけでなく自然宗教を含めた宗教一般についての独自な考察を生涯追求していったが、そうした彼の思想全体についての研究は、専門的研究者以外にはほとんどなされてこなかったといえる。

とりわけ日本では、マルクス研究の影響力が大きいこともあり、彼の哲学思想の変化や年代史研究はあまりなされてこなかった。しかし国際学会が一九八九年に成立して以降、日本を含む世界各国で、自由で多様なフォイエルバッハ研究が追求されるようになってきた。本書の第I部で取り組むのは、これまでのフォイエルバッハ研究ではほとんど主題化されてこなかった彼の「食論」である。

私は長年フォイエルバッハ哲学を研究してきたが、これまで彼の食論について注目することはなかった。彼の食論は後期思想に属するものであるが、あくまで後期思想の一つの思想としてとらえるだけで、それがもつ「固有の意味内容」も十分に認識してこなかったといえる。しかし近年、彼の独自な食論に注目するようになると、それは単に時代的な「食」の問題ではなく、「食」の「本質」についての論究であることが理解されてきた。それだけでなく、彼の食論は、哲学領野ではいまなお未開拓といえる「食の哲学構想」であるといえるだろう。[2] 本書の第I部は、そうしたフォイエルバッハの食の哲学構想の考究である。

ところで食についての思想研究は、二〇世紀後半以降の世界的な食ブームのなかで少しずつ注目されるようになったが、多くは食文化の比較研究や宗教との関係論などが中心であり、いまなお食についての哲学研究はなされていないようである。彼の食の哲学構想も例外ではないだろう。こうしたことには、哲学では衣食住などの人々の生活一般に関わることは主題とみなされてこなかったことも関係しているだろう。(3) いやそれだけではなく、生活等について論評するには、それらに関する当時の自然科学（一九世紀後半の自然（科）学や土壌学、農芸化学など）や文化人類学などの知識が必要であり、それらは非実学的な哲学には不向き（不得手）の領野であるといえるからであろう。

それにもかかわらず「哲学者」フォイエルバッハは、なぜ食論を書いたのだろうか。彼にとって食論は宗教批判論の一部に過ぎないものだったのだろうか。だが食について単独の著作を、彼は敢えて書いたのであるから、そうではないだろう。だとすれば食論は彼の哲学思想（とくに後期思想）のなかでどういう位置づけをもち、どういう内容と意義をもつものだろうか。彼の食の哲学構想についての紹介が、本書第Ⅰ部の主目的である。

第Ⅰ部の第1章と第2章は、フォイエルバッハの哲学のなかで「食」の哲学構想がどのように生まれたか、どのような位置づけをもっているか、どのような内容をもっているのか、述べたものである。第3章は彼の宗教批判哲学と連関している食の哲学という観点から、日本の宗教と食の関係について等の考究である。第4章は彼の食の哲学の骨格である「人間とは食べるところのものである」という表題をもつ著作についての解読である。なお補稿として、フォイエルバッハ研究の軌跡を追加した。

◆フォイエルバッハの「食」に関する主要著作

(以下の著作は、第I部などのフォイエルバッハの「食の哲学」に関するものである)

※GW：Ludwig Feuerbach, Gesammelte Werke, hrsg. V. W. Schuffenhauer, Akademie-Verlag, Berlin. 1967-

WC：*Das Wesen des Christentums*.1841.『キリスト教の本質』：GW5

GPZ：*Grundsätze der Philosophie der Zukunft*.1843.『将来哲学の根本命題』：GW9

WR：Das Wesen der Religion.1846.『宗教の本質』：GW10

WD：Wider den Dualismus von Leib und Seele, Fleisch und Geist. 1846.「身体と心、肉と霊との二元論に抗して」：GW10

VWR：*Vorlesungen über das Wesen der Religion*.(1848)1851.『宗教の本質に関する講義』：GW6

NR：Die Naturwissenschaft und die Revolution [Über : Lehre der Nahrungsmittel. Für das Volk. Von J.Moleschott]（Rezension）. 1850.『自然科学と革命』：GW10

TQA：*Theogonie nach den Quellen des klassischen, hebräischen und christlichen*

Altertums.1857.『古典的、ヘブライ的、キリスト教的古代の史料に基づく神統記』：GW7

GO：Das Geheimnis des Opfers oder Der Mensch ist, was er ißt. 1862.『供儀の秘密あるいは人間とは自らが食べるところのものである』：GW11

USM：Über Spiritualismus und Materialismus, besonders in Beziehung auf die Willensfreiheit.1866.『唯心論と唯物論について』：GW11

第1章 「食の哲学」への道程

はじめに

フォイエルバッハの食論が主題化されている著作は、一八五〇年の『自然科学と革命NR』と一八六二年の『供儀の秘密あるいは人間とは彼が食べるところのものである GO』である。それらは著作としてはいずれも小著といえるものだが、宗教的著作の多い彼の著作のなかではユニークなものである。しかも二つの食に関する著作の間には十二年という長い年数があり、そこには彼にとって人生上の最大の諸苦難が引き起っている。[1] それらの苦難が「一段落」した後に二番目の著作は書かれるが、こちらの方が彼の食論の基軸が書かれている。前著はいわば食論の出発点で、後著が本論だということができるようである。[2]

他方で『神統記』（1851〜56）という大著が両著の間に書かれたが、これはギリシア以来の西洋文化を支える西洋の宗教だけでなく異教の神々を視野に入れた神々の系譜について、彼独自の宗教批判的見解が展開されているものである。この著にも宗教における「食」の見解や位置づけが加わっているが、この著の食論は宗教的意味づけが主であり、食論は主要ではないようである。それゆえにまず「食」を主題としている二著における彼の食論について考える。そのうえで彼がなぜ食論を書くに至ったのか考えたいと思う。

1. 一八五〇年ごろの食論 —NR

彼の最初の食論は、一八五〇年「自然科学と革命 Die Naturwissenschaft und die Revolution, NR」に書かれるが、これは、J・Moleschott（モーレショット）の『栄養手段論 Lehre der Nahrungsmittel fuer das Volk』[3]についての**書評**であり、『文学新聞 Blätter für literarische Unterhaltung』に四回（11/8,9,11,12）で掲載されたものである。だがこの著作にはおよそ食について書かれている評論とは思えないような表題がつけられている。彼はなぜこのような表題を付けたのだろうか。実を言えば、この著作はモーレショットの食物学の本の書評というよりは、むしろフォイエルバッハ自身にとっての「食」問題への入口、「食」という問題を考えるための思想的前提、社会的背景を指示するものだった。それがどういう意味をもつのかから始めたい。

フォイエルバッハは一八四〇年代に『キリスト教の本質』や『将来哲学の根本命題』などの著作によって宗教批判の哲学者として有名になるが、キリスト教側と宗教批判者側からの両方の立場から批判を受ける(4)。彼はそれらの批判を受けて、自身の「宗教批判哲学」を再考し残存していた哲学的思弁の要素を脱して、より実践的な哲学を志向していくようになる。そうして改めて「感性」の視点からの哲学構築をめざすのである。

だがこの時期一八四〇年代はまさにヨーロッパ激動の時代であり、フランスやドイツ等でも革命の嵐が吹き荒れた時期である。フォイエルバッハ自身もこの革命の波動に巻き込まれるが、ハイデルベルグ市庁舎での『宗教の本質に関する講演』以外は大略的には革命に距離をとった宗教批判の哲学者であったといえる(5)。しかしそうしたことが彼の哲学を時代の思想潮流と一線を画させることになり、やがて彼の名声も薄れ、著書も売れなくなっていく。こうした革命後の状況のなかで最初の食論は書かれるが、それは「食」という問題が時代や社会と密接なかかわりをもつ重要な問題であるとの認識から取り組まれたようである。では当時の社会状況と食の問題とはどのようにかかわりをもっていたのだろうか。

この問題に関して参考になるのは、有名な「じゃがいも飢饉」である。ドイツ近代化を支えた労働者たちの主食を支えたのは南米由来のじゃがいもであるが、この主食がアイルランドを中心に一八四五年から数年にわたり疫病に襲われ、ヨーロッパ中を飢餓的状態に陥れる。とくにじゃがいもがすでに主食になっていたドイツではその影響は大きく、多くの餓死者や困窮者が出ていた。この状況がドイツ三月革命の背景ともなっているのだが、これが一方で人々の生命・生活を支えるための社会経済的知識と、他方で食糧生産のための自然科学、とくに農学や栄養学などの知識が要請されることにもなったといえる。(6)

そうした状況下で彼は、クリスチャン・カップ等の友人たちの影響もあって、経済学等への関心よりは自然科学への関心が大きくなる。もちろん当時の政府は「自然科学」に対して寛容(＝無知)だったので、批判思想家とみられていた彼にとって、自然科学的著作は政治的監視の目を避ける方策でもあったようである。(7)いずれにせよ彼には、自然科学は「純粋に経験的な事実、すなわち経験的な手段によって与えられる事実」を扱うものであった。そして彼が注目する自然科学者として例示するのは、「コペルニクス」であった。

なにしろコペルニクスは、彼にとっては、キリスト教の自然観に反旗を翻し、「神学と人間学」「理性と感性」の位置を転換させた自然科学による「革命家」だったからである。そしてそのコペルニクスと同様に、キリスト教(「食」に関する)への自然科学的革命をおこなった人として、彼はモーレショットを挙げるのである。モーレショットの食物学・栄養学の本は「自然科学の普遍的な革命的意義に関する一つの証明である」(S.356)と彼は見る。(8)だがモーレショットの本は、コペルニクスのように、はたして自然科学領野で、いや食物学分野で革命的意義を果たすものといえるだろうか。とりあえず彼の考えを見てみよう。

この本は「自然科学の普遍的な革命的意義に関する一つの証明」であり、「栄養手段、その構成要素、その性状・作用と手段が、我々の肉体に及ぼす作用および変化に関する近代化学の成果」を伝えている。「飲食は肉体と霊魂を結合させる」「食物は精神と肉体の同一性」であるからである、と彼は述べている（S.356f）。

だがこうした評価はまさにフォイエルバッハの哲学、彼の「自然」についての見解から来たものではあるまいか。モーレショットの栄養学の革命的意義は、あくまで彼の宗教批判的社会的文脈においてのものであるようだ。それゆえに彼は次のように言うのである。これは「哲学的・倫理学的・政治的関係」においても革命的で、「将来及び現代の哲学の真の根本命題」を含んでいる（S.356）。「存在は食べることと一体である。存在することは食べることである。存在することは食べかつ食べられる。飲食することは主観的・活動的形形態であり、食べられることは存在することの客観的・受動的形態である。両者は分離できない」（S.358）。「古い哲学は思考から始める……新しい哲学は飲食 Essen & Trinken から始める」（S.359）。こうして最後に「人間は彼が食べるところのものである」という彼の食論のテーゼが出てくるのである（S.367）。

これらの文章は、モーレショットの本の書評というよりフォイエルバッハの食論の叙述以外のなにものでもないだろう。つまりこれは、フォイエルバッハが、「書評」を借りて、「食」についての自分の見解を述べているようなのである。だがなぜフォイエルバッハは、モーレショットを借りて自分の食論を主張したのだろうか。

実を言えば、彼はこの書評以前に食についての自分の考えを展開していたのであるが、それはあくまで宗教批判的文脈の中で展開しており、食論の思想的意味を十分自覚していなかったようである。むしろモーレショットによって、自身の食論がもつ思想的意味を自覚したように思える。そしてそのことが明確にされるのは、一二年後の「**供儀の秘密・・・GO**」[9]という著作であった。

2.「人間とは食べるところのものである」

フォイエルバッハの食論を端的に言えば、この言説に集約されているといえる。彼は一八六二年にこの有名な言説をもつ著作を書くが、この言説がもつ思想的意味について、当時の専門家たち、いや思想家たちにはほとんど注視されることはなかった。それどころか批判や侮蔑の対象にもなった。とくに表題に追加されている言説が、主題の「供儀の秘密」以上に揶揄の対象となった。だがその追加の言説はこの著作だけにあったのではない。一八四六年の「宗教の本質WR」（28・29章：GW10.S.32-34）を始め、一八四七年の「人間学の立場からの不死問題Die Unsterblichkeitsfrage vom Standpunkt der Anthropology」（GW.10,S.230）にもあり、一八四〇年代以後の彼の著作に頻繁に登場していた。なのに、なぜこの副文が当時揶揄されたのだろうか？

たしかに当時多くの人が近代化の進行のなかで日々の「食」に苦労している状況下では（彼自身もそうであった）、思想家たちに求められているのは、もちろん聖書の「人はパンのみにて生きるにあらず」の精神ではなく、実際に「食べること」、つまり「食」確保のための具体的な社会・経済的方策であり、「哲学的宣言」ではなかっただろう。彼の文は「社会主義者」の空疎な声明にしか受け取られなかったようである。

だがフォイエルバッハは「飢える」時代に生きる哲学者として、緊急避難的な食対策ではなく、人間の生命の基盤である「食」ということについて、根本から考えようとしたのである。「食べること」は生きることの「条件」ではなく「本質」ではないか。「食べること」自体の意味を問う「哲学」を模索したのである。そしてそれを彼自身の哲学の主題とした著書を著した。筆者は、この著の内容をすでに『いま、なぜ食の思想か』（216〜221頁）や本書第2章（後期思想の中での食論の位置づけ）等で説明しているが、ここでは彼の第二の著における「食の哲学」の根本思想に注目したい。

フォイエルバッハは「自然科学と革命」では、「食」は人間の生存のための単なる必要条件ではなく、人間の心身を形づくる栄養などを構成する基盤であると説明したが、その後彼はこれまでの宗教や文化のなかでの食の役割・意味について考究していく。そして人間たちの「食」を通した神々や自然への関わりの意味や役割を解読しようと試み、古代のギリシア宗教、ユダヤ教、異教などの宗教の神々（日本の神道なども含めて）の系譜や儀式を探り、その人間学的意味を考究する。そうして彼はこの一八六二年の著で自身の「食の哲学」構想を公表したのである。「人間とは食べるところのものである」の命題は、そうした彼の「食」の哲学構想の核心を表明したものである。

なぜ人間は神々に生贄や供物を捧げるのか、食に関する神々と人間の違いはなんなのか、人間はなぜ食べ物を通して繋がったり排除しあったりするのか、食のタブーの宗教的理由とはなんなのか、人間社会において食文化とはどういう役割をもっているのか。こうした「食」についての歴史的で本質的な問題について、彼はいわば近代哲学・思想史上はじめて、「宗教」の立場からではなく「哲学」の立場から明らかにしたのである。(10)

さて宗教批判の哲学者であるフォイエルバッハがとくに注目したのは、「供儀 Opfer」であった。これは今日では文化人類学や民俗学や地域文化学などで実証的に研究されているが、彼はなぜこれを注視し、それが宗教の食についての根本問題だとしたのだろうか。

彼によれば、「供儀」とは、一般的には神々のために生贄や特定の食べ物（供物）を捧げることで、神と人とを結びつける宗教儀礼だといわれている。だがこれは人間学的に解釈すると、神と人間たちが「供物」を介して結びつく「絆」（システム）であるといえるだろう。というのもそこで捧げられる「供物」（多くは食べ物）が神と人間たちとを結びつけるものであり、それは両者に共通する特質をもつという「特別なもの」だからである。それは「本質を同じくする者は同じ食べ物を食べ、逆に同じ食べ物を食べるものは本質を同じくする」ことを指示している、いいかえれば、神に捧げられるその生贄や供物（食べ物）は、実はその食べ物を共有する人間たちの同一性を表示するものと考えられるからである。

フォイエルバッハは言う。「供儀」は神と人との一体性よりもむしろ供儀の対象の食べ物を食べる人間たちの同一性・一体性を証示するものである。いわばある民族の特定の食べ物が供儀を通してその人間集団の特質をあらわにするものだ、と。しかし民族や人間集団によって供儀されるその食べ物（供物）は、あくまでその民族の神のための食べ物とされている。つまり神と人間たちとが食べ物を共有するといっても、その食べ物の供与者は神であり享受者は人間であるという違いがある。この違いは、神には飢餓の苦しみはないが人間には食べることに関する苦しみがあると言い換えることができるが、実はそれでもなお神は人間たちの「特性と等しい」ものを食べる存在だと言えるのである。というのもその神の本質がその人間たちの本質以外のなにものでもないからである。

ここに、人間たちは特定の食べ物を神に捧げるという形式をとって、自分たちの同一性・結合性を確証し強化する、という彼独自の宗教批判哲学のテーゼが登場する。供儀とは、特定の食べ物による特定の人間集団の本質を神の本質とする儀式なのである。[11] 言い換えれば、人間は神々への食べ物による供物を通して、自分たちの集団・民族を結束しようとする存在なのである、と。

もちろん宗教の歴史的発展（神と人間との区別が明確化する）とともに、供物の食べ物自体も変容する。[12] キリスト教のような精神的な宗教では、神と人とを結びつけるその特定の食べ物は「聖なるパンとブドウ酒」という象徴的な飲食物となるが、そこでも「飲食物を介して人間同士、人間集団が結束する」という構図は変わらない。こうして供物とされる「食べ物」は民族の結合子であり、共同体を維持結束させるための宗教的な儀式に欠かせないものとなる、と彼は解析した。供物の食べ物が「心術の共同、本質の共同」という構造に支えられているゆえに、その食べ物の儀式化によって民族の一体性が維持されるのである。「食べ物の共同は心情の共同、本質の共同を前提としているか或いは帰結をしている」からであると、彼は付け加えている。

飲食物による結束が仲間との結合を想像や精神的な結合ではなく現実的な結合とするという、こうした飲食物による人間への結束こそは「共食」の役割であるが、これは他方で自分たちと同じ食べものを共食しない人間たちを憎悪し排除することにつながっていく。この憎悪には、私たちが食べるものを食べない人は、私たちであるようなものではないという思想が根底にあるのではないだろうか。「共食」という食のあり方が、民族間の排除や抗争をもたらすものであることを、彼は明言したのである。

フォイエルバッハは、「供儀」の人間学的解釈を通して、（宗教集団をはじめとする人間集団による）「共食」のもつ「イデオロギー性」を解明したのである。「共食」についての理論は、彼の「食の哲学」の骨子を明確化したものであり、人間の共同性・社会性のあり方を指示するものだったのである。

3. 自然主義の受容

宗教批判の哲学者であった彼にとって、以上のような「食」についての考えは、「哲学」の問題として、どういう「意味」をもっていたのだろうか。

人間にとって「食」という事象は、人間が「食べもの」「食料」を「食べること」を通して、自分の生命を維持し存立させるという身体的活動によって成立するものである。しかし「食べもの」は、もともと人間のためのものではなく、人間と同じく自然物（存在）であったのだが、人間たちがそれらを（採集狩猟）・生産（調理・加工）・分配などを通して、人間の「食べもの」へと変えてきた。そうして人間はそれらの「食べもの」を「食べること」で「生きて」きた、つまり生命を維持してきたのである。「食べものを食べること」は、人間が（身体的にも精神的にも）生きるために絶対必要な条件である。だが人間が生きるために欠かせないこの「食べもの」がすべての人に供与されず飢えるような現実がある。彼が生きている近代西洋社会にもいまなお飢えや貧食という受苦が現実にある。哲学者フォイエルバッハは、このような現実に対してどのように考えたのだろうか。

彼は食料確保のための実践的な政治経済的な方策や知識を求めるよりは、「食」に関する（人間的な）「知恵」の根本的考究をした哲学者であった。そしてその考究のなかでも彼が重視したのは、食に関する「自然の学」、とくに食べものに関する生物・動物・土壌・水・空気・地球・・・などに関する知識であった。

もちろん「食」に関する人間の身体的活動の知識や、食の獲得・生産・加工・分配などをめぐる人間の関係性や社会性に関わる事象に彼は関心がなかったわけではない、しかしそれ以上に食べものについての（自然科学的）「知識」や「学問」が、彼には関心があった。というのも「食」の問題とは人間だけの問題ではなく、生物・動物・土壌・水・空気・地球・・・に関わる、つまり自然全体についての問題だと、彼は考えていたからである。モーレショットへの交流もそうした問題意識を共有していたからである。ここから彼は「食」の問題を通して、「人間と自然」との「関係」について根本から考えようとしたのである。

いうまでもないが「人間と自然」との「関係」問題は、彼にとって宗教（批判）の問題だけではなく、哲学の根本問題であった。なかでもとくに自然の問題は若き頃より彼には関心のある領域であり、友人たちには多くの自然科学者もいた。彼が主著『キリスト教の本質WC』以後に自然宗教に取り組んだのも、人間の自然への関わりを深く知るためであった。そうして取り組まれるようになった自然への研究を通して、彼は人間の自然への関わりが二面的、両面的であることを洞見した。

人間は自然に対して「**依存感情** Abhängigkeitsgefühl」と「**自己保存衝動** Selbsterhaltungstrieb」という両面的感情をもってかかわっている。人間は歴史的かつ文化的にもこの両面性をもって自然にかかわってきたし、いまもかかわっている。この人間における自然への両面的感情をもつかかわり方は、諸宗教（自然宗教から精神的人間宗教迄を含む）への歴史的哲学的考察を通して確認されるが、それは文明社会においては次のような状況にあるという。

彼によれば、両者の関係、すなわち人間の自然への依存感情と人間自身の自己保存衝動との両面的関係は、自然への人間の現実的諸活動のあり方によって変化してきた。古代では人間の自然への「依存感情」が大きいゆえに、（自然宗教を中心とする）宗教的関わりがすべてであったが、文明の進行、とくに近代化の力とともに、人間の「自己保存欲求」が徐々に拡大・優力になり、それに伴って自然への人間の知力や精神力も大きくなり（宗教においても人間宗教が中心となる）、それらが物質力を伴って食に関する文化や技術や産業を作り上げてきた。これは人間力が自然力より強力・優位になってきたことを意味しているが、それにもかかわらずなぜ人間はいまだ十分に食べることができないのだろうか。この現実を前にして、彼は人間と自然との「関係」という根本的な問題を改めて考えていったのである。

彼の哲学は一般に「人間学」と言われているが、彼は終生「人間主義」の立場をとってきたわけではない。かつて彼はヘーゲル左派の哲学者として、四八年革命の理念に共鳴し加わったが、革命の失敗・挫折を通して、近代的理性による人間主義の限界を自覚するようになる。たしかに一八四〇年代初めでは、彼はまだ自分の立場を「人間学」（「人間中心主義」）と考えていたようだが、一八四三年の『将来哲学の根本命題 GPZ』では「人間の土台としての自然を含めた人間」を求める「自然学をもつ人間学」が「新しい哲学」だとしている（GW9,S.337）。そして改めて人間と自然との関係について哲学的に考えるようになり、「外的自然」と「内的自然＝人間の自然性」とを区別して考えるようになっていく。[13]

人間はこれまで外的自然を人間の支配下にない独立した（いわば神々の）領域と考えてきたが、人間力（知と技術による改造力）の増大によって外的自然をも変造するまでになった（「感性」はこうした外的・内的自然の交流活動であるといえる）。だが人間の自然との関係は一面的なものではない。人間は内的自然である身体をもって外的な自然を改変して生きてきたからである。人間の食活動はその典型といえよう。

人間の生命は、外的・内的自然の身体を介した（食）活動に支えられている。生命はいわば「食べもの」という外的な自然に由来するものを、内的自然である人間の身体活動の「食べること」を通して営まれ維持されるものといえる。言い換えれば人間の「食」活動とは自然への人間の二重的関係態、外的・内的な自然への人間的活動なのだといえる。フォイエルバッハはこれを「物質代謝」という用語で理解している。

この「**物質代謝** Stoffwechsel」という用語は、一八四〇年代リービッヒなどによって提唱された「呼吸、エネルギー、栄養、排泄などの生命体の外的環境との物質の交換、代謝のメカニズム、その条件などが科学的に解明され、生命体の存立の本質的メカニズム」である[14]。食活動もこの「物質代謝」の活動であることを、フォイエルバッハはモーレショットからも学んだようである。彼が書評したモーレショットの著『食物学』第1篇には「物質代謝」という表題がつけられ、次のような引用文が追加されている。

「自然は、すべてのものを単に創造したり絶滅させるばかりでなく、変化させ、改造し、分解し、育成し、修復させることもできるのです。・・・―ただ、この世の中で、人間自体ほど形態の安定し続けるものはほとんどないといえます。―身体を形成する物質は，不断の運動の中にあります。―同じ物質が、絶えず他の形をとってあらわれるのです[15]」。

フォイエルバッハはモーレショットのこの言説を自分の書評NRのなかで引用しつつ、「生命は物質代謝である」と人間の食活動を説明している[16]。人間は「物質代謝」である食活動において、身体的活動を通して「自然」に依拠しながら生命を維持しているのであり、決して精神や知という人間固有の力だけで生きているのではない、と断言する。そうして彼は人間主義に依拠した哲学ではなく、「**自然主義に立つ人間主義**」の哲学を表明するようになるのである[17]。

ところでこうした一八四〇年代後半以降の彼の哲学における「人間主義の変容」、つまり「自然主義の受容」は、それまでの彼の哲学内容にも変化をもたらしている。これはとくに「エゴイズムEgoismus」という用語にあらわれている。

4 エゴイズムと食

フォイエルバッハの「エゴイズム」論についてはシュティルナーとの論争があり、日本の研究者間でも論議され、筆者も見解を公表してきた。(18)だがここで確認しておきたいのは、彼の「エゴイズム」論は宗教批判・研究と関係があり、彼独自の見解は自然宗教研究で明確になっていることである。

フォイエルバッハはシュティルナーからの批判によって、自身の宗教批判の核心をなす「人間の本質」論が観念的でヘーゲル的思考を乗り越えていないと自覚し、人間の類的本質論の再考を試みていく。そして「我と汝」の思想による共生の思想を宣言するが、(19)その考えも感性哲学の確立にはまだ不十分であると認識する。そうして彼は宗教の根源を求めてキリスト教から自然宗教への研究を推し進めていくが、それは徐々に彼の哲学自体を自然主義的色調の濃いものとしていった。こうした彼の哲学の変化は、とくにエゴイズム論に見ることができるように思う。

彼のエゴイズム概念は、一般に理解されている「利己主義」「自己中心主義」という道徳的、社会的な語義ではなく、またシュティルナーのいうような唯一の個の「自我主義」でもない。(20)むしろ彼のいうエゴイズムは、人間関係・共同性の問題にかかわる用語よりは人間の対自然の概念だった、と筆者は考えている。(21)

彼によれば、エゴイズムには「宗教的エゴイズム」と「人間的エゴイズム」とがある。

前者の「宗教的エゴイズム」は宗教の根拠をなすものであり、自然に基礎づけられつつも「非・超自然的、空想的なエゴイズム」(GW6,S.74)として、人間の自然支配的な願望や空想を支えるものであるとされている。それゆえこれは、フォイエルバッハの宗教批判分析のための重要な概念だといえる。

後者の「人間的エゴイズム」については、「人間の自然と理性に相応して―というのも人間の理性は人間の自覚的自然だから―人間が自己-自身を主張すること、自己-自身を堅持すること」であるといわれており、これは「道徳的なエゴイズムではなく、形而上学的、すなわち知や意志なしに人間の本質に基礎づけられたエゴイズム」(GW6,S.60f.)である。人間はこの人間的エゴイズムをもとに生命を維持する、つまり「生きることLebenはエゴイズムである」ということができる。それゆえにこのエゴイズムは、人間の実存の根拠としての「生命的自然」から生じてくる「自己保存欲求・衝動」と言い換えることができるものである。

「エゴイズム」(とくに「人間的エゴイズム」)は、彼の考えによれば、有機体のなかに基礎づけられた「自己保存欲求」「生命欲」と関係した概念である。それは「形而上学的エゴイズム」ともいうことができ、「人間の本質に基礎づけられた」、ある意味で「人間の存在規定」であると考えられる。こうした彼固有のエゴイズム思想はすでに一八四六年[22]にあらわれているが、そこではまだ「食」との関係は明確ではない。しかし(「食」を含む)自然への人間の関わりについて考えるためには、エゴイズムという考え方が必要である、と彼はいう。その考えを求めて、彼のエゴイズム論の根本思想について考えてみたい。

フォイエルバッハによれば、人間は自己の実存のために必要としているものを自己から引き出せないという有限的な存在である。これは、人間は生きるために他の存在者へとかかわらざるをえないことを意味しているが、それは人間が自己の存在についての無力さ、限界性の自覚をもっていることでもある。それゆえ人間は人間以外の存在へと関わらざるを得ないという「依存感情」をもっている。「依存感情と有限性の感情とは一つのものである」(GW6,S.43)。だが人間の自然への受動的な依存感情は徐々に対象(他の存在)への能動的なかかわり・欲求を引き起こす。「依存感情とは意識または感情に現れた対象に対する欲求」(S.93)にすぎないからである。依存と欲求とは相即的なものであり、両者は人間と他の対象(自然)との関わりを表・裏から表示するものに過ぎないようである。

たしかに依存感情は人間の自然への受動的関わりを示しているが、そこには人間の自然に対する自己の能動的な保存欲求も含んでいる。その自己保存の欲求こそは「エゴイズム」なのだ、と彼は言う。「何らのエゴイズムがなければ、また何らの依存感情もない」(S.92)からである。エゴイズムは依存感情に基礎づけられたものというべきだろうか。いずれにせよ依存感情とエゴイズムは矛盾するものではない。むしろエゴイズムは間接的な依存感情といった方がいいかもしれない。フォイエルバッハ自身は、人間は依存感情をもつ対象に対して、自己保存欲求をもとにしたエゴイズムという我有化を求める存在だというのである。[23] その点でエゴイズムは、自然への人間の受動的な依存感情に対する自己保存のための能動的な欲求活動だということができよう。

もちろん人間の自己保存欲求がエゴイズムを引き起こしているということは、彼がエゴイズムを道徳主義的なものとか利己主義なものや社会関係的なものではない、つまりエゴイズムは人間にとって悪なるものとして簡単に時代批判で乗り越えられるものではないと考えていることを示している。エゴイズムは人間存在に必然的に備わったもの、存在論的概念なのである。

「依存感情」「自己保存欲求」「エゴイズム」という概念は、彼の哲学においては人間の宗教的対象（とくに自然宗教）への関係を説明するための用語であったが、これらの用語は人間の「食活動」についてもいえるように思う。なにしろ人間は自然（に由来する食べもの）への依存感情をもちつつ、自己保存欲求のための食活動（能動的な身体活動）を行うことで生命を維持するものである。そしてそうした食活動には食べる個々人たちの食べものの趣向、願望、関心などのエゴイズム的欲求が含まれるゆえに、集団の結束と排除という社会的作用を引き起こすといえるようである。エゴイズムはもともと人間固有の自然性に由来したものだが、文明の発展のなかで自然支配的な人間中心主義的なものになったと、筆者は考えている。

おわりに

エゴイズムは現代人の食の問題としても重要なテーマだと、筆者は考えている。現代の食の世界は「豊食や飽食」に生きる人々と「飢餓や貧食」に直面する人々とに分かれている。こうした食の世界の分断・格差状況は人間たちの分断でもある。それは人間たちに食への飽きなき「エゴイズム」的欲望の拡大・膨張を生み出している、現代資本主義社会の結果であるだろう。エゴイズムとは他者や自然の存在自体を支配・改造し駆逐する自我中心主義であり、近代以降の人間中心主義による自然への制覇・改造以外のなにものでもない。フォイエルバッハの食の自然主義思想は、私たちの人間中心主義への警告であるように思う。

なお晩年のフォイエルバッハは「幸福主義」について思考する。食べるところの存在である人間にとって、「食」と「幸福」とはどのように関係しているのだろうか。「人間とは食べるところのものである」という彼の名言は、豊食・飽食の時代に生きる私たちにその問いを投げかけているようである。

第2章 「身体」と「食」の構想

はじめに

筆者はこれまで中期以降のフォイエルバッハ哲学思想を研究してきたが、今回とりあげるのは、「ヘーゲル主義」脱皮後の思想といえる後期思想である。ここでの彼のヘーゲル哲学への言及は断片的である。その点でこれは限定的なものである。(1)

さてフォイエルバッハの後期思想は、日本では今なお「イデオロギー解釈」のもとにあり、「唯物論的後退」としてほとんど理解されていないといえる（たとえばエンゲルスのフォイエルバッハ論に基づいた解釈では、フォイエルバッハが何故、革命以降も宗教研究を続けたのかの理由について解読することができないといえる）。しかし後期思想を「唯物論的後退」とする言説には文献的裏付けがなく、後期への思想変遷の経緯や理由も明確にされない。したがって後期思想の内容理解も十分ではない[2]。こうした論点を明確にするべく、ここでは彼の後期思想に焦点をあて、その思想的可能性を探りたい。

結論を先取りしていえば、彼は後期においても宗教批判作業を継続し、宗教（神）分析を通して自分の人間学・感性哲学を構築していったのであり、そうすることで中期にはみられない感性哲学の新たな可能性を切り開いた。内容的にいえば、「身体」及び「食」という問題に関して、（哲学的に）注目される考えを提起しているといえるだろう。

1. フォイエルバッハの宗教批判哲学の性格と方法

彼の哲学を端的にいえば、**宗教（批判）哲学**である。これは主著『キリスト教の本質』WCを中心とする中期思想の特色というより、彼の哲学自体を表示するものであり、いわゆる唯物論期といわれる後期においてもそうである。そして彼の生涯にわたる哲学的テーマとは、「宗教と神学およびそれらのものに関係していること」であった（GW6.S.11-12）。このことを内容面でいえば、『キリスト教の本質』WCによって提示された①「**神の本質**は**人間の本質**の対象化である」という考え方が彼の哲学の骨子をなし続けたということである。彼は②人間の本質はこれまでの宗教の神の本質への分析を通してのみ明るみに出すことができると考えていた（GW10.S.31）。そして③宗教の神の本質についての分析によって得られる人間の本質の内容を哲学的に理論化していったのが、彼の「人間学」＝感性哲学であったといえる。彼にあっては宗教批判〈分析〉そのものが哲学なのである。

こうした彼の宗教批判については「神学の人間学」への還元思想とまとめられ、内容的には①②③が一体に考えられてきた。しかし三つは同じではない。①は彼の宗教批判の特色をあらわす主語と述語の関係＝「主語と述語の同一性」を表示するものであり、②は「主語から述語へ」という宗教批判の方法である。③はそうした宗教批判によって明らかになる人間の本質の内容、「述語」の理論化〈明示〉である。①②は主に宗教的著作で展開され、③は哲学的著作で展開されたといえる。

この構造は、宗教的著作の後で哲学的著作が書かれたという経緯からも説明できる。彼の哲学は宗教批判作業の結果を踏まえて構築されていった〈彼自身、両著作の内容が同じだと語っているGW9.S.244〉。つまり彼の哲学においては宗教批判作業が基軸をなしているのであり、その意味で宗教批判哲学といえるのである。それゆえ彼の感性哲学も宗教批判と一体に理解されねばならない。

だがこうした構造をもつ彼の宗教批判哲学については、これまで③に照準を合わせて理解されてきたように思う〈③から①②を理解する〉。これは結論から過程を考えていく解釈法といえる。

しかしこうした解釈法は先に人間学（の内容）ありき、感性哲学ありきであり、彼がどのように宗教批判から人間学や感性哲学の内容を導き出したのか、またなぜ宗教批判を生涯続けたのか理解できない。その結果多くは、宗教批判は「終わった」とされ、人間学の内容の変化も考察されないことになる。当然ながらこうした解釈のもとで後期思想の理解は進まないどころか、唯物論的後退として軽視されることになった。

私は、彼の宗教批判哲学を理解するには、②の宗教批判の方法にそって考えることが肝心だと考えている。その際留意したいのは、①の同一性とは、神と人間ではなく、神と人間との本質の同等性である。しかもフォイエルバッハの考える神の本質とは、どこまでも神の人間への関わりなのである。それゆえ神の本質分析は人間の本質探究を意味していることを了解しなければならない。神と人間との本質の同一性への探究が彼の哲学における「宗教の本質」でもあるからである。

ところで彼の宗教批判作業は、著作としてはキリスト教の本質を主対象としたWCから自然宗教を対象とするものWR・VWR、そして晩年の神々の系譜をたどったTQAの三段階、つまり彼はキリスト教から自然宗教、ギリシアやローマなど古代宗教の神々へと分析対象を広げているが、分析の主眼はあくまでそれらの神の本質・内容であり、神の人間への関わりであることを注視しておきたい。

2．後期の宗教批判哲学への発展

主著『キリスト教の本質』WCは彼の宗教批判哲学への途上の著作であった。彼はこの著の第一版の「ヘーゲル主義」（これは彼が自認したヘーゲル哲学の継承）の残滓を止揚するために、第二版では多くの修正をしたが、その理由として感性の視点が十分ではなかったからであるといわれてきた。このことに関しては、一九七〇年代にアスケリなどによるフォイエルバッハ文庫の草稿の検証研究によって、第二版の修正がフォイエルバッハのルターの再読（「神の人間化」の証人としてのルター）などのキリスト教研究と結びついていたことも確認されている。[3]

これはどういうことを意味するかといえば、第一版ではキリスト教の神の本質は理性・意志・心情の類的本質であり、人間の類性を本質とみいだしたが、彼はこれを「ヘーゲル主義的思考の残滓」だと自覚する。そしてルター研究を始めとしたキリスト教の再研究を通して、キリスト教の神の本質は受肉する神に示されるものであり、それは受苦と愛であると確信する。キリスト教の神の本質は、神と人間とのかかわりである「キリスト」に示されている、つまり人間から独立した第一格の神ではなく第二格のキリストにあり、その神の本質は人間のために苦しみそして人間を愛するという心情にある（十字架[4]）。受苦と愛というキリストの本質が人間の本質であることを、フォイエルバッハは第一版では十分認識していなかったゆえに、修正を試みたのである。

つまりキリスト（主語）の本質である受苦・愛（述語）が人間の本質であること、人間の本質とは受苦・心情という感性にあることを、彼は確信したのである。そしてこうしたキリスト教の神の本質の分析を通して開示される人間の感性的本質に立脚する人間の哲学、感性の哲学をGPZで明示しようとしたのである。人間から独立した神（「神学」の神）ではなく、人間とのかかわりをその本質とする神（「宗教」の神）分析を通して、人間の本質を考えようとした点で、彼の宗教批判は宗教に関して両義的な立場であったといえるのである。

しかしキリスト教への批判的分析を通して得られた人間の感性的本質論は、受苦性や有限性の主張として近代の理性主義に対抗するものであっても、受動的な性格をぬぐえない。ここから人間の感性的本質の意味内容をさらに探るために、彼はキリスト教以外の宗教における神の本質の分析に向かったのである。それが以後の宗教研究であった。

3. 後期の宗教批判の特色

一八四〇年代後半以降、彼はキリスト教とは異なる自然宗教等の神の本質の分析を始める（WR）。そして自然宗教の神々が、人間から外的に独立し、しかも人間にも内在している自然の力を体現していると述べる。

彼によれば、自然宗教の神々は、人間の外部と内部にあって人間には制御できない独立した力をもつ自然であるとともに、そうした自然に対する制御とそれからの恵みをもたらすことを願う人間の**願望**に答えようとする。自然自体及びそれに対する人間の願望充足が自然宗教の神の本質である（「人間の本質に沿うような自然」GW10.S.337）。フォイエルバッハはこうした自然宗教の分析から「人間の自然性」という人間の本質を確認することになった。人間の能力の限界は自然からくるのであり、自然に依存感をもつことから由来する。自然宗教では、人間の自然的あるいは生理学的本質が指示されている。ここから彼は、人間の本質論としての人間学に自然学を加えたのである（GW10.S.336）。

この宗教分析によって、彼は、人間が自然性を基盤とした生命の必然性を感受する存在であることを認めつつも、その自然必然性から自由になることを願望する心情Herz的存在であることを確認する。そして人間の本質は人間の自然die menschliche Naturと言い換えられる。

しかし自身の内的外的自然性を感受しつつも、それからの自由を願望する心情的・情動的な存在であるという人間の本質論は、「ヘーゲル左派」の人々によってやはり受動的な思想として受け止められ、彼の宗教批判の使命は終わったとみなされた（『宗教の本質』WRは革命前の閉塞的な社会状況のなかで書かれたことを認識しておきたい）。彼自身もその後WRにおける神の本質（＝神における人間との関係）の内容からえられる人間の自然性は、自然への人間の依存感を越えられないと認識し、VWRでは人間の自然性がもつ能動性について再考する。そしてそこから彼独自の「エゴイズムEgoismus」論が登場してきたのである。

彼の「エゴイズム」論は、いうまでもなくシュティルナーの批判の影響がある。フォイエルバッハは、WCの宗教批判が類と個の一致を批判する「類」の宗教、「人間宗教」の擁立にすぎないとするシュティルナーの批判を通して、自分の哲学における類の観念性を再認する（これを彼は「ヘーゲル主義」の残滓と認める）。そのうえでシュティルナーの無神論思想の核をなす個人主義的エゴイズムを反転して、人間の自然性に依拠するエゴイズムが宗教を支えていると応戦した。

そこで対抗的に提唱されたエゴイズム概念は「人間的エゴイズム」といわれるもので、再考された宗教分析によってみえてきた人間の実践的な本質であった。彼は、キリスト教及び理性主義者たちが主張してきた人間の利己主義概念の否定（宗教的なエゴイズム観）をも反転し、人間の自然性に由来するエゴイズムは自己保存のための人間の情動・欲動として宗教を支えるものであるとして肯定する（「述語」の内容説明）。いわば自然という生の根源への依存性のなかで、それから自由であろうとする人間独自の自然性がもつ能動的な力―それは願望というかたちで実現しようという特異な精神的活動―を、彼はエゴイズム概念で表示したのである。

しかし革命期の講演（VWR）において再定義された人間の能動性（人間的エゴイズムから発する願望）という考えも、自然性が基礎となっているかぎりは、受動的性質を超えられない。ここから彼はさらに自然宗教とは別の多神教へと遡り、古代宗教の神々、とくにギリシアやローマの神々、また古代ユダヤ教や異教の神の本質についての研究を通して、人間の本質を考えようとした（『神統記』TQA）。このTQAの宗教分析の内容については、これまで十分な研究がなされてこなかったが、これは「もっとも純粋で、もっとも完成し成熟した書」であると、彼自身が語っている。(5) この著でとくに彼が注目しているのは、ホメロスの神々であった。

ホメロスの神々は生命の原因、生命の創始者であり、一方で光・空気・雷雨・水・稲妻などで生命の性状をあらわしているが、他方で人間の生死を支配する者でもあり、それは人間の市民生活の性状、たとえば国家や結婚などのあり方や友情・賓客・民族間などの結びつきや掟、平和や自由・名誉などの幸福をも体現していると彼はみている（GW7.S.241f.262）。しかしその神々があらわすものは統制され一元化されることがなく、生命の多様性と生死の必然性をも表出している。つまり人間の生命がもつ多様性や生活のもろもろの姿とそこにある葛藤が現出されている。そしてそうした神々の中心（本質）を支えているものが、生きることの幸福と希望である。（なおこれは自然的生命を超える願望である「浄福 Seligikeit」ではない、といわれる）。

このTQAという最後の宗教批判においてフォイエルバッハが見出した人間の本質が幸福への願望であったのは注目される。この著が貧苦の生活のなかから執筆されたものだったからである。

さてこうした後期の宗教批判は、彼の哲学に「身体」と「食」に関する新たな理論的な可能性を切り開いている。このことについて、以下、考えたい。

◇「ヘーゲルとフォイエルバッハの宗教」について、イェシュケ[6]をかりれば、フォイエルバッハの宗教批判哲学は、宗教は人間の本質を開示すると考えている点、宗教についての両義的立場にたっている点で、ヘーゲルと共通しているようである。しかしヘーゲルが、宗教は哲学のレベルに達していないと考えるに対し、フォイエルバッハは、両者は同等ないし宗教が哲学以上に人間の本質をつかんでいると考えているといえよう。

4. 後期思想の可能性

後期の主要な哲学的著作は『唯心論と唯物論』USMであるが、これはWDの二元論問題と関連性がある。しかし彼の哲学的著作は宗教批判分析を踏まえて書かれるので、TQAとの関係も抜きにしえない。つまり彼の後期哲学は「二元論に抗してWD」、『神統記TQA』、『唯心論と唯物論についてUSM』の三著の関係のなかで解釈されねばならない。そしてそのトリアージを結びつけているのが「身体」である。

(1)「身体」の哲学

一九九〇年代以降、私は彼の哲学について身体論という研究視角から解読を試みてきた。この身体論という視角は、彼の哲学をヘーゲル―マルクスという思想系譜のなかで解釈するのではなく、「独立した」固有の理論として解読しようという研究思潮からでてきたものである。なかでも身体論という視角による解釈[7]は、彼が剔抉した「身体」が、単に「感性的存在」である人間の実存を指示するものではなく、宗教批判の内容と一体のものであると考える。この解釈は、すでに西洋ではヴァールなどが試みてきたが、私も拙著（『宗教批判と身体論』）などであきらかにしてきたので、ここではそれがもつ思想的可能性についてのみ述べたい。

彼の身体論はキリスト教分析とも深い関係がある。例をあげれば、WCのなかには、キリストの十字架＝受苦の肉体や聖母マリアの母体への宗教的意味の言及もあり、それが彼の人間の受苦性の考え方にもつながっている。これは、キリストや聖母マリアの聖化された肉体の宗教的意味の解読を通して人間の身体の人間学的意味について考えようとしたものとして、今日の宗教的身体文化論の先駆思想であると注目される[8]。

後期の身体論は、WDを中心とする著作のなかで、人間における自然性と人間性との関係性という視点から、身体が心身二元論を解決するものとして理論化されている。生きる現実の身体においては（とりわけ脳活動や身体内活動がそうであるように）、「主観と客観との同一性」が成立しているという考えにたって、人間の感性的本質を「身体性」から再構成している。人間は、「身体をもつと同時に身体である（生きる）」という二義的なものとして、人間の自然性は身体のなかで統一されている。そして感性は身体性Leiblichkeitといいかえられ、人間の本質は身体性にあるといわれる。この「身体性」の理論には「感性的身体性」と「空間的身体性」という興味深い考え方も提示されている[9]。

しかしこうした身体性の理論では心身問題をまだ解決しえない、また唯心論と唯物論の対立を超えることもできないと彼は考え、USMで身体の実践的な活動性（身体活動）を再理論化しようと試みた。そして心身二元論の超克のために、ショーペンハウアーの意志論との対決を通して、身体の理論を再構築しようとした。なぜショーペンハウアーかといえば、ショーペンハウアーもまた身体における自然必然性をベースとし、それと人間の意志の自由との相克を解決しようとしているからである。[10] USMにおけるショーペンハウアーの意志論への批判を介した彼の身体論的心身二元論超克論[11]については、ここではその要点だけ述べるにとどめたい。

フォイエルバッハによれば、ショーペンハウアーも自然必然性と意志の自由との関係問題を身体の問題に定位している。ショーペンハウアーは身体の自然必然性を承認し、観念的な意志の自由を認めず、意志は身体のなかでの内的な力（感性的意志）の問題に統合化する。しかし身体は個体的性格（＝エゴイズム的衝動）をもっているゆえに、それを乗り越えるためには「共苦」が必要であるという。それに対してフォイエルバッハは個体的意志も自然に根ざしている「生きようとする意志」であり、幸福衝動をともなうと考えるために、「共苦」では乗り越えることはできない。むしろ肝要なのは自己と他者のそれぞれの幸福衝動を承認することだ、としたのである。

こうしてフォイエルバッハの感性的意志論では、身体の自然性は受容的なものではなく、それ自身活動的なものであり（こうした身体のあり方を、「肉体力」でしめしている[12]）、また共生的なものであると理論化したのである。

(2)「食」の哲学

晩年に特異な著作がある。「供儀の秘密あるいは人間とは（自らが）食べるところのものである GO」[13]。この著（とくに表題の命題）は、キリスト教の「人はパンのみにて生きるにあらず」に依拠してきた西洋の精神文化に背反するものとして、否定的反響を引き起こした。WC の著者という哲学者としての名誉を貶めるとか、哲学や文化の伝統を傷つけるとか非難された。彼の思想に共鳴していた同時代の思想家たちや、ラヴィドヴィッツを始めとした専門研究者たちもこの著を評価せず、命題の意味について考究しようともしなかった。近年の身体論研究者たちも、ターナー[14]を除けば彼の食の思想については注目していない。だがこの著は実は、食の哲学の構想という注目すべき内容を含んでいる。

彼の「食の哲学」構想の起点は一八四八年革命頃であるようだが、その背景にはヨーロッパの食糧危機がある（四五～四六年にドイツでは主食であったジャガイモの疫病がはやり、多くの人々が飢餓状態に陥った）。『人間学の立場からの不死問題』Die Unsterblichkeitsfrage vom Standpunkt der Anthropologie. 1847. には、次のような文がある。「人間がなんであるかということは、彼が食べるものに依存していないだろうか?･Ist das, was der Mensch ist, unabhängig von dem, was er ißt ?」（GW10.S.230）。この文の「ist - ißt」は単なる語呂合わせではない。人間の存在・本質が飲食にかかわることを指示している。ただ彼の食の哲学構想が明確な形をとるのは革命後に書かれた「自然科学と革命 NR」[15]である。そこでは明確に人間とは食べるところの存在であり、飲食が人間の本質規定であり、「食」は彼の「新しい哲学」の原理であると明言されている。この著は、モーレショットの食物学を当時の自然科学的知識を代表するものとして評価するだけでなく、さらに栄養 Nahrung ということの哲学的意味を解明しようと試みている。食べ物と人間との関係とはどういうことなのか。栄養とはなにを意味するのか、また食べることは人間においてどういう役割や意味をもっているのか、こうした食に関する根本的問題を哲学的に考えようとしたのである。

けれども「自然科学と革命 NR」はあくまで書評という性格から、食物学を基本とする食（物）についての自然科学的知の時代精神史的位置づけが主題であり、「食」を彼自身の宗教批判哲学のなかで論述するに至らなかった。それがなされるのは、一二年後の「供儀の秘密 GO」という著作であった。なぜ一二年後かというと、彼の宗教批判作業の課題がまだ残されていたからである。すなわちキリスト教以前の自然宗教や古代宗教などの宗教の本質を解読するという三番目の宗教批判作業が残されていた。この作業は『神統記 TQA』で行われ、それを踏まえて食の哲学構想が「供儀の秘密」で追求されたのである（こうした経緯については一八六二年一一月五日のボーリン宛の手紙（GW21.S.41-42）参照。そこでは食に関して、「神は人間がそうあるように願うところのものである」を立証するものであり、彼の宗教批判哲学において核をなすと語っている)。

フォイエルバッハにとって、食の人間学的意味を追究する試みも、神と人間とのかかわりの解読作業のもとに位置づけられるものであった。つまり食に関する論述は、『神統記』の宗教批判作業を踏まえて書かれねばならなかった。言い換えれば、彼の食論も宗教批判哲学の構築作業の一環であった。それゆえに彼は『神統記』の後に「供儀の秘密」という食論を書いたのである。そしてさらに、彼の哲学において生涯の課題であった二元論克服というテーマを、「唯心論と唯物論について USM」で取り組んだのである。彼にとって「食」は、人間の自然性と人間性という二元性の問題を解き明かすための端緒であったのである。その意味で彼の食論の追究は、感性哲学の再構築でもあったといえる。

①宗教批判哲学の主題としての「食」

『神統記 TQA』という著作はギリシア・ローマ等の神々を対象として、宗教の本質、すなわち人間の本質を明らかにすることを課題としていた。彼は、この宗教批判作業を通して神と人間に共通することとして「食べる」という感性的活動をみいだした。彼によれば、「供儀」という宗教事象においては、神と人間の同一性が食べ物(供物)を通して示されるという。供儀は神饌である。そこでは神に供えた食べ物をその後人間同士で分け合う。これは「本質を同じくする者は同じ食べ物を食べ、逆に同じ食べ物を食べるものは本質を同じくする」(GW11.S.31)からである。同じ食べ物を通して、神と人間、人間同士、民族が結びつくのである。食べモノが人間同士を結びつけるのである。ある民族の共有する食べ物はその民族の神への供物として意味づけられて、民族の人々を結びつけるものとなる。人間は神と共通する食べ物を通して、神と結合されるだけでなく、同族の人々とも結合する。「民族の神は自分の本性と等しいものを食べるので、民族(の神)は選抜された食べ物をもつ」(GW11.S.43)。

フォイエルバッハは今日的にいえば、「**共食**」の宗教的な意味づけを論証している。おそらく当時興隆しつつあった食の文化人類学の知識も踏まえて、食べるコトという行為は単なる個人的な営為ではなく、「共食」という行為であり、それは人間の共同的な生のあり方、共同態の生活のあり方を指示するものであると明言した。その意味で、人間の本質が食の解明を通して「共同的なもの」であることを指示したのである。「食べ物の共同は心情の共同、本質の共同を前提としているか、あるいは帰結をしている」ゆえに、つまり食べ物は「感性的」ゆえに、人間同士を強く結び付けるのだといわれている。

だがそうした共食を軸とする共同性のあり方は、共有する食べ物で結び合っているので、その食べ物を共食しないものたちを憎悪し排除したりすることを引き起こす。「この憎悪には、私たちが食べるものを食べない人は、私たちであるようなものではないという思想が根底にあるのではないだろうか」（GW11.S.44）。「共食」という構造が、民族間の排除や抗争をもたらすものであることを彼は語っている。供儀の宗教への人間学的解釈を通して、共食のもつ「イデオロギー性」を彼は指示したのである。

もちろん神と人間が食べ物を共有するといっても、その食べ物の供与者は神であり、享受者は人間であるという違いがある。この違いは神には飢餓の苦しみはないが、人間には苦しみがあると述べられており、神も人間も動物も「自分の特性と等しいものを食べる」のであるという。「神は神が食べるところのものである」ように、「人間は自らが食べるところのものである」と表され、「食べること」は人間の本質であると語られる。そして人間の本質は、古代宗教における飲食、供儀の食べ物、神と人間との飲食物をめぐる神話から読み取ることができると述べている。[16]

いずれにせよ、フォイエルバッハは供儀の解読を通して、食の本質が「共食」であること、それはまた人間の本質であることから、人間が食べ物を通して繋がる共同的なものであることを明示した。

だが留意しておきたいのは、彼の食への注目は、食がもともと個人に依拠する感性的世界を基盤とするものだからである。その点で彼の食論はいわゆる「共同体論」に回収されるものではないといえるであろう。

②感性哲学の主題としての「食」

フォイエルバッハは、食べ物は食べる人間をあらわすという。これはかの有名なサヴァランの『美味礼讃』[17]の言葉「君がどんなものを食べているか言ってみたまえ。君がどんな人であるかを言いあててみせよう」を思い出させる（フォイエルバッハはサヴァランの書を読んでいる）。人間とは食べる存在であり、人間が食べるものはその人間の「感性的本質」をあらわしているとの考えを、彼はもっていた。神と人間との関係＝同等性・差異性は「食べ物」が証明するというのである。

こうした「食べ物」と人間との関係、食べる主体と食べる対象との同一性という考えは、WDの生命論、すなわち「生命の本質は生命の外化 Lebensäußerung にある」という考えが前提となっている。そしてまた「或る存在者が彼の形態・運動・生活様式のなかで感覚にあらわになっているもの、それが心であり、本質なのである」（GW10.S.136-138）という考えもそこにある。この言説は身体（脳活動と含む）と人間の本質との関係についての言説であるが、これは食活動についても当てはまるだろう。「ギリシア語 Bios、ラテン語 Vita は生活を意味するだけでなく、生活手段、栄養手段、そしてそれらによって制約された生活様式を意味する」（GW11.S.42）。

食べ物にかかわることは食べる人間をあらわすという考えが、彼の食論の基本をなしている。

だが食べ物→人間という考え方は「唯物論」に近づいたとの解釈も可能となるが、次のようにも彼が語ることを踏まえておかねばならない。「食べ物は身体的な意味をもっているだけでなく、精神的意味も持っている」（GW11.S.45）。彼は食べモノだけが人間の本質とは考えてはいない。食べ**モノ**には食べる**コト**がともなわれているという。食べ物はそれ自体であるのではなく、食べること、人間の精神的活動でもある食べることと一体で存在するものである。人間は「脳や思考器官を用いて食べ消化する」。「食べ物は身体的な意味をもっているだけでなく、精神的意味も持っている」。ここから「飲食することは・・・肉体と霊魂のみでなく、神と人間、我と汝を結合する」「食べることと生きることは同一である」として、「飲食 Essen und Trinken が肉体と霊魂を結合する」と結論している（GW11.S.41f.）。

こうして食論は、彼の感性哲学において心身二元論問題を解決する理論という位置づけをもつものでもあった。GOという著作が単純な唯物論の提唱でないことはいうまでもないだろう。

「飲食は肉体と精神を結び付ける」という彼の食論については、近年ターナーなどの身体文化論において注目されるようになったが、彼の食論は食の宗教文化史的な考察や人間学的意味付けを模索した試みとして、二一世紀に要請されている「食の哲学」の先駆思想といえるように思う。

おわりに

今日、食の問題は思想的課題である。例をあげれば、食べ物はもはや自然物ではなく脱自然的な加工物としての食品（遺伝子改造を含む科学技術の対象）となりつつあり、それが農や環境の破壊という問題を引き起こしている。また共食（事）を通して社会性を見につけていくべき人間の食のあり方は、孤食化へと向かうことで、食を通した人間相互のつながりの役割も見失いつつある。豊食・飽食・崩食の時代のなかでは、食べることの意味も多様化し趣味化し、人間にとってどういう意味なのかがみえなくなっている。こうした現代の食の状況のなかで、人間にとっての「食」の根源的な意味を考えようとしたフォイエルバッハの食の思想は示唆的なものではないだろうか。[18]

第3章　「食の哲学」入門

―フォイエルバッハを参考に「食と宗教」について考える―

はじめに

食の世界は二〇世紀後半以降大きく変化してきました。一九世紀に食に関する科学（栄養学・食物学を中心とする食学や化学）がうまれ、食の自然科学的解明が始まるとともに、食の加工技術化・産業化・商業化がすすめられ、食の世界は様変わりしてきました。この変化は、食を支える「農」の脱自然的技術化（緑や青の革命など）とともに、食の世界の資本主義化を意味しています。そしていまや私たちは、食の世界のグローバル化にともなう大量の食べものの「物象化」が引き起こす、多くの問題を抱えるようになってきました。

食の生産と消費の分離、飢餓と肥満、「北と南」の格差、食の安全性の問題、遺伝子組み換え技術を始めとする加工技術への不安、食をめぐる人間間の分裂、食品ロスや膨大な食料廃棄物の産出、食情報の氾濫、さらには調理技術のテクノロジー化（AIまで）の影響などです。こうした現代の食の世界は「豊食・飽食・崩食」の世界であるといえますが、ここでは、食の役割や目的、食をめぐる人間関係のあり様ばかりでなく、「食べること」自体の意味も不明になってきています。「人間にとって食べることとはなんなのか」が分からなくなってきているのです。

でも「食」は（ことの）意味を考究する学である「哲学」の主題にはまだなっていないようです。食の問題に関する哲学的考察もあまりみえず、「食の哲学」というような書籍も翻訳書以外ほとんどありません。どうも「食」の問題は自然科学や社会経済の分野で追求すべきもので、哲学の問題ではないと思われているようです。

このような考えは、哲学の伝統的な考えからきているようです。形而上学を出自とする哲学は、古来、事柄の本質・根本・意味を追求し、思考の論理性、明晰性、普遍性を追求する学問であるといわれてきました。それゆえ哲学においては、食の問題のような現実的な問題にはかかわらないと考えられてきました。この哲学の伝統的な考えは、古代のプラトン以後、近現代哲学まで継承されてきました。それでもアリストテレスやプルタルコスのような古代のギリシア・ローマの哲学者たちは、人間にとってよい食べ物とはどういうものか?·人間にとっての食べることの意味とは?·食べることのルールのあり方とは?·などについて思考をめぐらしました。けれども伝統的には、食はあくまで「形而下的」な日常生活の問題として、哲学の主題とされてこなかったといえます。

しかし現代の食の世界は、人間にとっての食べることの意味の問題を投げかけているので、これまでの伝統的な哲学の考え方では済まされないように思います。もちろん現代社会が抱える多様な食の問題について、それを惹き起こしている産業構造や社会制度の問題への論議を含めて、多様な専門学から問題提起がなされていますが、いまだ問題解決への方向性すら見えないように思います。なにしろ現代の食の問題は、現代社会の食にかかわる構造だけでなく、人間の生活や生き方にかかわるという困難さを抱えているからです。こうしたことから、レオン・R・カスは、食の問題の「難しさの根底にあるものは哲学的な問題ではないかと思う」(ix頁)と、食の哲学の必要性を説いています。このカスの指摘をあげるまでもなく、欧米では近年、現代の食の問題についての哲学的な研究が少しずつ始まっていますが、日本ではまだのようです。私たちは、現代の食の問題への哲学的考察とはどういうものか、その端緒を求める必要があるように思います。

1 「食の哲学」の必要性

ドイツの哲学者フォイエルバッハ（Ludwig Andreas Feuerbach, 1804―1872）は、一九世紀以降はじめて、「食」を哲学の主題にしようとした哲学者といえます。彼はキリスト教およびそれと一体となっているドイツ観念論哲学を、「人間学」の立場から批判した「宗教批判」の哲学者ですが、晩年、「食の哲学」といえる研究をしています。彼は「人間とは彼が食べるところのものである」という命題をもつ著のなかで、人間とは「食べる存在」であり、「食べる」という食活動は、人間が自然や人間同士とつながって生きていること（「人間の本質」）を明示している、と語っています。そしてこの食活動という人間の本質は、「**宗教**」においていわば「隠されて」示されているとみて、その仕組みを解明することを追求しました。彼は、食への宗教のかかわりについての批判的解明を通して、食活動の人間学的意味をあきらかにする「食の哲学」を追求したのです。ここではこの彼の「食の哲学」を参考に、現代日本の「食」の問題について哲学してみたいと思います。

でもなぜ「食と宗教」なのか。今日の私たちには食と宗教とは結びつかないように感じます。多くの人が、「食」は「生命」や「身体」にかかわることだが、「宗教」は「精神や心」の問題や「死や葬」にかかわるものだと思っています。また食はすべての人間にかかわるが、宗教は個人の（信仰の）問題であり、私たちの時代や社会は宗教から「自由」になっていると思っています。でもフォイエルバッハによると、食と宗教とは別々ではなく、両者ともに人間の心身にかかわっています。実際、両者は歴史的にはつながってきたものであり、そのつながりは日本では今も「行事食」「冠婚葬祭の料理」などに残っています。「宗教」は歴史的・文化的には食の世界と深いかかわりをもち、とくに食をめぐる人間関係（秩序や差別）、タブーや儀礼、食の規範や倫理などについて食の世界の内実を構成してきたといえます。しかし近代以降の産業経済と科学技術の発達および「民主化」によって、食の世界における宗教の位置は小さくなり、食と宗教とは徐々に切り離されてきたのです。

はじめに述べたように、現代社会は食に関する多くの問題を抱えていますが、その問題解決への糸口や方向性をみいだすのが困難になっています。ここから、近年、かつての伝統的食文化が見直され、食の意味・役割・つながりに関する宗教的な食観念に関心がもたれてきています。こうした関心は、人々の宗教的意識が薄いといわれている日本でも大きくなってきているようです。これは、２０１３年のユネスコ無形文化遺産に登録された「和食文化」という「日本人の伝統的な食文化」の再興のなかに典型的にみられます。他方でグローバル世界の登場によって、食と宗教とが密接につながっている「異文化」をもつ人々と交流するようになって、宗教と食とのつながりについて関心をもつ人が多くなっていることもあります。かつての宗教的食観念への「関心」や「再評価」とは、どういう意味をもつのでしょうか。

近代まで食の世界は、地域や共同体や自然環境に依拠したローカルな農林畜産業、食に関する長く積み上げられてきた知恵や習俗や宗教的世界観などに支えられてきました。しかし現代の食産業の資本主義的グローバリズムや科学知識主義は、そうした食についての「伝統」やその独自性やローカル性を解消させてきました。その結果、食の世界には差異や多様性どころか、「北と南」に象徴される多くの格差や不平等があらわれてきました。こうしたことから世界のあちこちで、食についての脱・反グローバル主義、自文化中心主義、保護主義などの「ナショナリズム」的主張が、伝統的食文化や宗教的食観念の再興として提唱されるようになりました。日本でも政府主導で伝統的食文化や「地域の食文化」の掘り起こしや、かつての「食育」教育の見直しなどがなされています。そして学校給食には「パンや牛乳」より「昔ながらの米飯やみそ汁」を、教科書には「パン屋より和菓子屋」掲載を推薦するような動きまで出てきています。

でもこうした食の「ナショナリズム」的主張を、反時代的だ、「イデオロギー」だと単純に批判すればいいようには思いません。なぜなら、そうした主張には、現代社会の食のグローバル世界における資本主義的マンモニズムや物質主義への「批判」も含まれているからです。この問題は、単に「政治問題」や「イデオロギー問題」では片付かない、また「近現代対前近代」「科学対宗教」の思考図式で解決できる問題でもないように思います。

こうした「イデオロギー的」対立論を超えることとは、フォイエルバッハの哲学の課題でした。彼の「食の哲学」は、宗教的食観念を単に批判するのではなく、それが指示している人間学的意味を解明することを目的にしたものでした。そして人間にとって食とはなにか、食の本質を考えるために、同時代だけでなく古い時代の人々の宗教や学問・文化などを研究しました。というのも、彼の時代の人々の意識がいまなお宗教的な観念に専有・支配されており、そのことが人間にとっての「食べること」の本質や意味を見えなくしていると考えられたからです。

この宗教への姿勢は、彼の哲学の根本的立場でもありました。彼は宗教批判の哲学者といわれるように、宗教を「否定」するのではなく、「批判」した哲学者です。彼の哲学は宗教の本質を人間学的に解明するものです。彼によれば、宗教的意識には「人間の自己疎外」が含まれています。人間は、自身の生命の有限性や自然制約性や人間関係や社会構造からくる「受苦」「困窮」「悩み」などの解決・自由・解放・超克への願望の実現可能性を、宗教の神（仏）などに投影し委託して、それを通して生きようとしてきました。しかし人間はこうした宗教への自己の（本質的）かかわりを知らないままに、むしろ宗教において投影された自己（＝類）の本質を「神」として崇め、それに支配され、宗教（神）のために生きようとします。それゆえこうした宗教における人間の「自己疎外」を脱するためには、宗教における人間自身のあり方や生き方の仕組みを明らかにすることが必要です。それには宗教を支えている諸観念や学問・政治社会文化の知の仕組みを批判的に考察し、宗教の考え方を哲学の批判的対象とすることが重要だと、彼は考えました。

彼の「食の哲学」はこうした宗教批判哲学の一環として出てきたものです。したがって彼は、伝統対近（現）代、宗教対哲学というような思考図式をとりません。そうした二項的思考は食の本質解明に役立たないと考えたからです。

ところで彼が、「食」に注目するようになったのは、モーレショットの栄養学の本の書評[1]からでした。彼は、この本について、「哲学的にも倫理的かつ政治的な関連性においても極めて重要」であり、「食物・栄養が、精神と自然との同一性」を明らかにする「最高の哲学的意義および重要性を持っている」と述べます。そしてこの本で示された「食」に関する自然科学的知見は、伝統的な宗教的知見と異なる新しい「革命的な」意義をもっているといいます。彼は、この本を通して「食」が時代の重要な課題であり、哲学の主題であると認識したのです。

でも彼は「宗教対自然科学」という対立図式で「食」について考えませんでした。食の宗教的知見は人間の精神的文化的側面を、自然科学的知見は人間の自然との関係をみるという心身二元論的思考をとらないのです。彼は、人間の食活動を心身連関した「身体的存在[2]」の感性的活動として、つまり「自然主義かつ人間主義」という観点から考えます。彼のいう自然科学的知見の「革命性」は、宗教的知見を自然科学的知見に置きかえるという「空想より科学へ」の提唱ではありません。それでは宗教がこれまで蓄積してきた食の文化や知恵の仕組みの解明がなされず、人間がふたたび宗教がもつ人間の自己疎外という「闇」に嵌まり込んでしまうと考えたからです。彼は、自然科学的知識の教示する「人間と自然との関係のもとにある食活動」を考えるためにも、宗教的知見の中にある人間の食活動の役割・意味・目的を明るみにだす必要があると、考えていたのです。

ここから食の人間学的意味への追求を中心に、食をめぐる人間と自然との関係、人間集団のあり方、食の社会的機能などについて、これまでの宗教のなかでの食に関する行為（「宗教的食行為」）の考え方を解読しようとしました。そして、西洋のキリスト教だけでなく、自然宗教、古代宗教、（日本を含む）非西洋の宗教の食へのかかわりについても、哲学的解読をはじめたのです。

2. 日本の宗教的食観念の特色およびその現代的意味

私たちは、二一世紀の日本の「食の世界」にいます。ここはグローバルな世界食市場を背景に、科学技術や産業技術が生み出す大量の食べものにあふれた「餓えない社会」です。こうしたなかで、伝統的な宗教的食観念の見直しについて考えるには、歴史を確認する必要がありますが、ここでは簡略に顧みるだけにして、現代の食の問題について、私たちの食観念と対照的と思われる宗教的食観念をとりあげ、その意味を哲学的に考えてみたいと思います。

日本の宗教的食観念の歴史

日本の宗教のなかで、これまで、食観念（形成）に大きくかかわってきたのは、神道と仏教です。この二つの宗教は「神仏習合」という形で融合してきた歴史をもち、食の習俗儀礼や人々の食生活に大きな影響を及ぼしてきました。しかし明治以降敗戦までは、「非宗教という国家神道」と「廃仏毀釈」という国の神仏分離政策によって、神仏習合的な食観念も分断され、それまでの食の意味づけや役割も変容しました。しかも戦後は「食の民主化」によって「聖俗分離」の実態が失われ、宗教の食への規範力や慣習や倫理も時代に合わなくなってきました。こうした日本の宗教的食観念については、原田信男がいうように、「宗教のみならず、それを成立させた国家や社会という大枠のなかで検討されねばならない」ようです。（2014、178頁）

しかしそれでも、石毛直道を借りれば、次のことがいえるようです。日本を含めて近代以前の宗教的食観念は、民族性・地域性・伝統文化というローカルなものであったのに対して、近(現)代的食観念は、西洋のキリスト教を出自とするも、資本主義体制に支えられた強力な普遍性をもつ世界的な食観念です。内容的には、食の「機能性・合理性」を主軸として、食生活の物質面の均一化、食の産業化や民主化を基本とした脱宗教的性格をもっています。けれども日本においては、伝統的宗教的食観念が明治の近代化以降も非西洋的「文化イデオロギー」として機能していました。それが敗戦によって一挙に西洋化・世界化します。そうして今日では食の宗教儀式の形骸化や「ハレの日常化」がすすみ、宗教的食観念の社会的機能も衰退してきたといえます。

(1)「禁肉食主義」と「快楽主義」

石毛直道によれば、今日の日本人の食（事）は「餓えない社会」の特徴である「食（事）の快楽化」の段階に入りましたが、これは日本特有のことではなく、食の産業化・民主化とともに進行してきた食の「近代化」を示すものです。現代人は、食生活全般についての功利性・合理化・道具化・技術化・多様化・情報化などの近代的理念とともに、食の「自由」「民主化」を象徴する価値観として「快楽主義」を受け入れるようになりました。これは、食べることを快楽と考える人が多くなることを意味しますが、それは私たちが「大食」「美味」「美食」「グルメ」やレストランのランク付けなどの食情報の「快楽の洪水」にさらされることでもあります。だがそれは、食の快楽の世界から「排除される」人々（拒食や貧食や「孤食」など）を生みだす価値観でもあります。

現代日本のこうした食の快楽主義と違って、仏教の食観念には「精進料理」「禁酒」などに代表される「禁欲主義」が伝統的にあります。これは、原始仏教の五戒のうちの「不殺生」「不飲酒」に由来する日本独自の「自然主義」思想に支えられています。この禁欲主義は、「草木国土悉皆成仏」に示されている天台本覚思想を核として、自然・生命・人間のすべてが「成仏」可能性をもつという考えのもとで、とくに「人間と同じ」生きものを殺して食することを禁ずる「禁肉食主義」です。この禁肉食主義は、「殺生」という罪悪性に支えられた人間の食の「本性」の自覚を促すという目的をもった宗教的食観念です。こうした日本仏教の禁肉食主義は、七世紀の「殺生禁止令」を始め、上層階級を中心に日本の食の規範となってきました。その意味では禁肉食思想は日本固有のものとして、西洋出自の肉食主義思想に同調しない宗教的食観念といえます(3)。

しかし、日本の禁肉食思想は実質的には「建前」であったようです。というのも古来、農林漁業に依存してきた日本の食の世界はローカル性をもつ自然主義に立脚しているため、一部の肉獣や魚介類は禁止対象からはずされるという条件付きのものでした。つまり日本仏教の食観念は厳格な禁肉食主義ではないのです。

こうした考え方をもっとも顕示しているのが、浄土真宗の親鸞の「肉食妻帯」思想です。これは、「不殺生・不邪淫」戒(4)を犯さざるをえない「人間の本性(罪性)」の認識を踏まえた独自の宗教的食思想として、また肉食のための殺生を行わざるをえない人々と同一地平にたつ共生思想でもあったようです。それに対して禅宗系では、「聖(僧)俗分離」のもとで食活動を仏道修行の一環と考えてきました。禅宗内部では、栄西や道元(彼の二著『典座教訓』:僧食のための調理・配膳の意味と、『赴粥飯法』:仏道者の食事の心得)などの食(事)思想が伝統的に受け継がれ、仏教の禁肉食主義を継承してきたといえます。しかしそれは基本的に僧侶などの仏道者の食観念であり、儀式用の食事として「精進料理」に現わされています。

こうした系譜をもつ日本の禁肉食主義は、明治政府による食の西洋化とともに、「肉食妻帯勝手なるべし」(明治五年)の法令以降、肉食を良しとする近代的食観念へと転換していきます。中村生雄によれば、この動きは、日本仏教の食観念が超越的な原理よりは現実的な世俗化された理論をもつ「日本人の現世主義的性格」や「非常に享楽的な日本民族の性格」に対応しており、仏教の厳格な戒律を相対化、「空洞化」しているといわれています(38―39頁)。

こうして日本の仏教的食観念は近代以降、禁肉食主義を緩め、世俗化による商業主義と快楽主義を今日まで受け入れてきました。人間の「生老病死」の「苦」にかかわる日本仏教は、いまや食に関しては「苦」よりも「快」の視点が大きくなっているようにみえます。冠婚葬祭の儀礼食の「精進料理」も禁肉食主義を換骨奪胎され、健康食のレシピ料理として広がっているようです。もちろん寺社のホームページには、お供えや仏式の食事法や「五観の偈」(5)などの食(事)の心得などが掲載されていますが、それらは宗教的「活動」よりは、寺社の「経営」手法や広報活動のミッションのようにも思えます。今日の日本仏教の食へのかかわりは商業主義に浸されているといえるようです。

もちろん一部には開祖や教団の食(事)の考え方の紹介書などで、「快楽主義」への戒めもみられます。そこには、食(事)についての人々や生命への感謝、徳行や正しい心をもって食することと、食(事)の身心への良き影響などが仏道による正しい食事だという「信念(観念)」が示されていますが、それらは一種の「宣教」のようにもみえます。仏教の「精進」の意味や食(事)の心得が、現代人の「幸福主義」や「健康観」に寄与すると語られる状況をみると、かつての宗教的食観念の特色である禁肉食主義の「精神」は、現代人の快楽主義と対立するのではなく、むしろそれに同調的なものであるようにも思います。

食の感性

ところでなぜ人間は、食について、宗教を含めて、禁肉食主義、快楽主義、幸福主義などの観念や思想をもつのでしょうか。フォイエルバッハによれば、それは人間の食活動が「本能的」

ではなく「意識的」（改造と選択の可能性）であるという人間の「食の感性」と関係があるからです。人間の食活動は性的活動と並ぶ人間の主要な身体的活動ですが、これは感性的活動として作動しています。食活動における人間感性は、**食べる対象**（食べもの）と**食べる行為**（食べること）との相応的な関係として、快と苦の両面的作用をはじめ多様な感覚作用として働きます。或る個人にとって好味であるチョコレートも、他の人にとっては嫌味だというようにです。感性は基本的には個人の身体的活動に依拠しているので、個人差があるのです[6]。この人間の感性的な身体的活動は精神的な活動ともつながっていますので、快苦の感覚や幸福感や苦悩まで引き起こします。ここから同じ食べものを長く食べる人間たちは同じ味覚をもつようになり、食べものについての共通の観念や価値観がうまれるようになるのです。宗教的食観念は、必ずしも「作為的」「精神主義的」「トップダウン式」に作られるのではなく、食べものと人間（集団）との感性的活動がもつ共働作用に根拠があるようです。

食に関するこうした感性的作用には、個人的なものだけでなく、甘味・酸味・塩味・苦味・うま味などの味覚や腐臭の臭いの忌避という（人間に）共通するものもあります。今日の食の感性工学はこの人間に共通した食の感性を科学産業技術によって人工的につくりだそうとしています。この点ではフォイエルバッハの「感性哲学」は現代の感性学の先駆であったといえます。

禁肉食主義などの伝統的宗教的観念は、食の個人的感性を集団の統一的食規範によって支配しようとしてきたので、近代的個人の食の自由意識にそぐわなくなりましたが、快楽主義や幸福主義は個人の食の感性に依拠するものとして、近代的な食観念になったといえるでしょう。フォイエルバッハはこうした（個人的かつ集団的な）「食の感性」という視点から、宗教的食観念をはじめ、食の規範や倫理を明らかにする「食の感性哲学」を追求したのです。

(2)「個人主義（孤食）」と「共食主義」

現代日本人の食（事）が家族と一緒に食卓を囲むという形態よりは、一人で食事する「孤食」が多くなってきたといわれ、社会的な問題となっています。とくに子ども、若もの、高齢者の孤食が問題とされていますが、孤食は、「食」の産業化と技術化の発達による「食べモノ」の**個別化と「食べるコト」の個人化**という、現代の食の世界全般の状況がもたらした食事のあり方です。これは近代化にともなう現代人の生活・労働・意識の変化や、家族や地域の共食共同体の崩壊と関係があります。孤食は、子どもの場合は教育（塾時間など）・貧困・親の就労状況が、若者の「一人食べ」は自由意識やコミュニケーションや労働状況が、高齢者の場合は家族状況や経済状態や介護ケアやQOLなどとの関係が大きいのです。つまり孤食は現代の社会構造や現代人の社会的意識などに関係しているのであって、個人や家庭の単なる食（事）の形態の問題ではないのです。

にもかかわらず、最近、「孤食」は人間の悪しき食事の形態とされ、親（とくに母親）、家族、若もの自身に原因があると語られています。そして孤食に対して「共食」は「人間本来」の「あるべき」食事の形態として「推薦」「指示」され、「食育基本法」などの「食育推進運動」のなかで、各家庭の共食回数を増やすよう指示されたり、地域の共食行事などが地域振興策として推進されたりする「共食運動」が盛んです。そうして全国各地で「子ども食堂」や「高齢者向けの地域の共同食堂」などが民間のボランティアたちの力でつくられています。この「共食運動」には宗教者も多く加わっており、宗教的活動にもなっています。

それにしても「共食」が「本来的」「人間的」な食（事）のあり方だというのは、どういう理由からでしょうか。たしかに共食は、人類誕生以来近代に至るまでの人間の食（事）形態でした。それが「食べもの」を介する人間と自然・社会との「共生」連関に相応する形態だったことや、共食共同体を通して人間性や社会性が形成・維持されることなどを考えると、「共食」が人間にとってよりよき食（事）形態だといえるでしょう。それゆえ文化人類学、教育学、家政学、発達心理学など、現代の多くの食の学問的知見もそのように語っています（河上睦子 2017）。

しかしその共食が人間抑圧・差別の政治的なコミュニケーション機能をはたすことは、ナチスの「共食政策」で立証された事実です。[7] また共食の人間関係や社会が「引きこもり」「拒食症」「ぼっち食べ」などの「孤食」へと追いやっていることもあるように思います。

ところで、今はやりの「共食運動」は、近年の伝統的食文化や宗教的食観念の再興とセットになっているようです。世界文化遺産となった「和食文化」のなかでも、共食が日本の伝統的な食事形態であると紹介されています。日本料理史を紐解けば、時代時代の身分階層に応じた共食の形態があり、日本の伝統的宗教的食行為が共食にあると分かります。イスラム教を始め世界の宗教も同様です。個人の信仰に依拠するキリスト教も例外ではないようです。

キリスト教の聖典（聖書）には、「共食物語」といわれている箇所があります。これは、イエスが少しのパンを五〇〇〇（四〇〇〇）人に分け与え食べる行為などについて書かれたものです。(8) キリスト教は言葉や精神の宗教といわれますが、もともと「食」と密接なかかわりのある宗教です。有名な聖書の「人はパンのみにて生きるにあらず」の言葉も、「食」を否定するどころか、いかに「食」が（宗教的にも）重要だと考えているかを示しています。むしろキリスト教は「食」（「食べること」や「食事」）の意味や役割を考えてきた宗教であり、「食の宗教」との解釈もあるようで、独自の共食の意味づけをもっています（主の食卓）。こうしたキリスト教は、今日の日本の「共食」の論議に、どのようにかかわっているでしょうか。

いうまでもありませんが、キリスト教は日本では、近世社会のなかで過酷な弾圧を受けた歴史をもち、明治以降の西洋化の流れのなかで徐々に宗教として受容されてきました。しかしその後の日本の歴史のなかでもその影響力は教育や文化面に大きくとも、食の世界においては「西洋食」の導入以外あまり関心をもたれてこなかったように思われます。

でも今日の日本のキリスト教（系）には、仏教のような商業的会食（事）はみられませんが、教会には「共食」にかかわる儀式をめぐって（興味深い）議論がなされています。これは、「最後の晩餐」に由来する宗教儀式（カトリックなどは「聖体」の儀式で、プロテスタントや聖公会では「聖餐」の儀式）の「公開性」をめぐる議論です。この儀式は、「キリストの体と血」（キリストの死と復活）という宗教的意味付けされた「パンと葡萄酒」（現代はその代理物）を「飲食する」ことを通して、キリスト教徒になることが承認されるものです。この宗教的儀式に入信の「意志確認未定の」人々を参加させるかどうか、キリスト教の入信儀式の公開性をめぐって、近年真摯な議論がなされてきたようです。プロテスタントでは「聖餐」と「愛餐」との関係の問題として、先述した聖書の「共食物語」の記述に沿いながら、公開の意味をめぐって議論されています[9]。プロテスタント教会の多くでは公開されているようですが（オープン）、カトリック教会では入信者のみのようです（クローズ）。この議論は、宗教が世俗化している日本社会のなかでの宗教の「共食」をめぐる議論として注目されます。

「共食」が宗教的コミュニケーション[10]であるという認識のもとで、入信や宣教という最も重要な宗教儀式が個人の信仰を原則とするか、教会という集団の行為なのかの論議を含んでいるからです。また宗教の最も重要な儀式がなぜ「パンと葡萄酒」という特定の食べもの（物質的なもの）を通してなされるのか[11]という、食の「宗教的意味」にかかわる問題としても重要です。

共食の二面性

宗教もかかわっている今日の「共食論議」について、フォイエルバッハの「食の哲学」はどのように考えるでしょうか。参考になるのは、「供儀論」です。彼の供儀論は「**供犠**の秘密、あるいは人間とは彼が食べるところのものである Das Geheimnis des Opfers oder Der Mensch ist, was er ißt. 1862.」の著で展開されています[12]。

人間の食活動の本質は、（同じ・違う）「食べもの」を「食べる」という「共食」活動にあり、その役割・目的は共食活動を介した人間の共同性の維持・実現です。共食活動とは「本質を同じくする者が同じ食べ物を食べる」ことですが、これは「心情の共同、本質の共同」を前提しているので、人間同士を強く結び付けます。しかしこれは他方で、自分たちと同じ食べものを共食しない人間たちを憎悪し排除することを引き起こします。共食活動は、人間間の結合・連帯と排除・差別という両面的機能をもっているのです。こうした人間の共食行動の意味は、「供儀」という宗教的行為のなかにみることができます。

人間は食べものの供与者である（と考える）神々への供物として、集団にとって特別の「食べもの」を捧げ（神饌）、その捧げた食べものを下げて人間たちが共食すること（直会）で、「食」がもつ自然制約性の苦しみや悲惨（受動性）からの解放や自由（能動性）を得ようとします。「供儀」という宗教的行為は、「食べもの」をめぐる「人間と自然との対立的関係」を神の介入によって「和解と融和」することを、人間たちが食べものを共食することであらわすものなのです。それゆえにこの宗教的行為は、「食べもの」を介して神と人間との一体性よりは、人間たち同士の一体性を形成強化するための共通の価値観念を、「共食」を通して形成することに意味があるのです。それゆえ共食活動は、同じ食べものをともに食べる者たちはお互いを確かめ合い結束し連帯を深めるが、それを食べないあるいは「違う」食べものを食べる者たちは排除されるという機能をもつのです。ここからある民族の特定の価値観が「食べもの」に表象され、その食べものを食べる人間たちはその価値観を共有することが生まれます。

フォイエルバッハの供儀についての「食の哲学」が明らかにしているのは、「食べもの」による人間の価値観念形成と、共同体や集団の「共食活動」のもつ二面的機能（結束と排除）です。今日、家族や地域の共食共同体の危機的状況のなかで、「孤食と共食」のなかにある食（事）のあり方について、私たちは食べものや共食活動がもつ意味や社会的機能を考えてみることが重要だと思います。

おわりに

「脱宗教的時代」といわれる現代社会が抱える「食」の問題についての宗教的食観念の見直しには、その現代的意味を哲学的に考えることが必要です。ここでは、「食の哲学」の端緒をつくったフォイエルバッハの考え方を参考にしましたが、それを継承し、「食の哲学」を新たに構築することが課せられているように思います。

※この章は、『生きる場からの哲学入門』（大阪哲学学校編、新泉社、二〇一九年）からの転載であるので、文章を「常体」ではなく「敬体」のままにした。

第4章 ルートヴィヒ・フォイエルバッハ

『犠牲の秘密、または人間は彼が食べるところのものである』（解読）

〔フォイエルバッハ全集第三巻（三一～七二頁）、船山信一訳、福村出版、一九七四年〕

キーワード【食の哲学、供儀、食のタブー、共食、食べ物、食べること】

この著は、一九世紀ドイツの哲学者フォイエルバッハ、一八〇四－一八七二）が晩年に書いた食の哲学書であり、宗教分析を通して、「食」の人間学的意味を追求したものである。この著の題に含まれている「人間は彼が食べるところのものである」という文は、食の本質を言いあてたものとして今日的に注目される。なおこの著の訳は、内容上「供儀の秘密」が適しているので、以下そのように表示する。

フォイエルバッハは、思想史上、マルクスやニーチェに影響を及ぼした宗教批判の哲学者として知られているが、二〇世紀後半以降の文献検証作業や国際学会の設立のもとで、今日では身体論、環境思想、自他論、宗教心理・倫理、新唯物論などの多様な視角から研究・読解がなされている。彼の食論への注目もそうした新しい読解の試みであるといえる。

哲学は事象の「本質」や「意味」について思考し追求する学である。食という事象についても、人間にとっての「食べモノ」や「食べるコト」などの意味や本質について考究する。しかし近代哲学までは「食」が哲学の主題とされることはほとんどなかった（例外はギリシア・ローマの哲学者たちによるシュンポシオンの食談義）。理由としては、食は人間の生物学的なレベルや身体や生活に関することであり、精神や理性や「意味」などを主題とする（形而上学を出自としている）哲学の対象ではないと考えられてきたことがある。また食は味覚を中心とする感覚作用や生理作用に依拠するので、哲学の方法基盤である思考の主体性を確保できないと考えられたからだといえる。食についての考えは、プラトン以後の伝統的心身二元論やユダヤ・キリスト教的精神文化の影響のもとで、哲学的主題よりは、多くは医療や（宗教）倫理の領域に属するものとみなされてきた。

例えばアリストテレスは、生命の霊魂のあり方を能力の階層（栄養的、感覚的、運動的、思考・理性的）に分け、食は人間性の低位に位置する栄養的能力（栄養摂取、成長、衰弱など）をつかさどる人間の霊魂であると説明した（『霊魂論』）。そのうえで、人間の行為について習慣と「中庸」を守る道徳の観点から、食のあり方として「肉体的な快楽から遠ざかること」=「節制」を推奨した（『ニコマコス倫理学』）。

食についての考え方が伝統的な宗教倫理や社会規範から自由になり、味覚・感覚・生理などについての近代科学・医学的アプローチがなされるようになるのは、一九世紀以降からである。この食の近代的アプローチは栄養学や食物学などをうみだしたが、それらは自然主義・経験主義・実証主義の哲学と結びついていた。フォイエルバッハの食の哲学もこうした諸学の歴史的動向と密接にかかわっていたといえる。

彼の食の哲学は、一方で新たな食に関する自然科学的知識をもとにした食べ物と人間との関係、栄養の意味などについての哲学的考究であるが、同時にそれは、食に関する伝統的な宗教的行為（食事に関する宗教儀礼・神饌・死者への供物など）への人間学的意味の解読を意図したものであった。それゆえキリスト教のみでなく自然宗教や古代ギリシア宗教などの諸宗教のなかでの食の位置づけや意味への分析を通して、「食」が人間の本質であることを明示するだけでなく、人間にとっての食べものがもつ意味、食べることとは「共食」であるという社会的役割などについて理論化したのである。彼が考究した食論は、近代以降の本格的な食の哲学の開始であると位置づけられよう。彼の食の哲学については、河上睦子『いま、なぜ食の思想か』（社会評論社）

等参照。

「人間の本質」としての「食」

フォイエルバッハの食の哲学の核心をあらわしている著が、『供儀の秘密』（Das Geheimnis des Opfers oder Der Mensch ist, was er ißt. 一八六二年）である。「供儀」とは、一般には、神のために生贄や特定の食べ物（供物）を捧げること（神饌）によって神と人とを結びつける宗教儀礼だといわれているが、この宗教的行為は、じつは、人間にとっての食というものの意義、「食の本質」を指示するものだと、彼は語る。そして「人間は彼が食べるところのものである」という文を題に付して、食が「人間の本質」であることを示した。

この著は、彼の晩年の著であり、一二年前の「自然科学と革命」（Die Naturwissenschaft und die Revolution, 一八五〇年）の続編という性格をもっている（この前著は、彼の信奉者であったモーレショットから寄贈された栄養に関する本『栄養手段論。民衆のための』への書評であったが、当代の哲学者たちに忌避された経緯がある）。しかし彼の食の哲学はすでにそこに基本的考えが示されている（以下、引用は全集頁を表すが、一部、河上訳）。

彼によれば、モーレショットの栄養学は「栄養手段、その構成要素、その性質（状態）の私たちの身体のなかでの作用と変化（消化）についての近代科（化）学の成果を伝えている」ものであり、この学は「ガストロノミーの目的と対象をもっているが、同時に頭脳と心情にとって刺激的であり、哲学的にも倫理的かつ政治的な関連性においても極めて重要で革命的な書である」（一四～一五頁）と哲学の立場から位置づけられる。彼は、脳髄は「合燐性の脂肪がなければ存在することはできない」「食物が血液になるのは、食物を成立させている成素が血液を成立させている成素と同じ成素だからである」などと引用しながら、飲食は「肉体と霊魂を結合するる」ものであり、「食物・栄養は、精神と自然との同一性」を明らかにするものとして、「最高の哲学的意義および重要性を持っている」と明言した。飲食は「精神の物質的基礎」であり、「新しい哲学は飲食から始める」のだと宣言している。「存在は食べることと一体である。存在することは食べること（Sein heißt Essen）を意味する。存在するものは食べかつ食べられる。食べることは存在の主観的な活動的な形態であり、食べられることは客観的受苦的形態であるが、両者は分離できない」（以上、一七頁）。

こうしてフォイエルバッハは、「人間」とは「食べるところのもの」であると語り、人間は「食べる存在」であると表明した。そして栄養とは、人間の自然性（身体性）が外的な自然と構成的に相関していること（内的自然と外的自然の相関性）を示すものであると、彼の「**感性哲学**」のなかに「食」を位置づけたのである。なお彼の哲学における「感性」は「精神的なもの」を含むものであり、人間の食における感覚も、味覚のみでなく嗅覚・触覚・聴覚・視覚・知性などと結合した総合的な感覚であることを確認している。

ところで「人間は彼が食べるところのものである」というドイツ語は、Der Mensch ist, was er ißt. である。この文の ist と ißt は語呂合わせになっているが、これは読者受けのためではなく、この二語の対応は、「人間の存在・本質＝食べること」を指示するものである。しかも ist と ißt を結びつける was は「コト」だけでなく、「モノ」の意味ももつ。つまりこの言葉は、人間の本質・存在である「食べるコト」には、「食べるモノ」が必要であることを指示している。人間の食べるという行為は、「食べ物」なしにはあり得ず、また食べ物なしには人間は生きられない。彼の唯物論は、食の哲学において本領を発揮したといえるだろう。

さて一二年後に書かれた『供儀の秘密』は、前著で示された食論の内容を、彼の宗教批判哲学のなかで再構成しようとしたものであった。それゆえここには食について新たな視点も加わっている。この著の問題意識を示すとすれば、以下のようであろう。

人間が生きるためには食べ物（＝パン）が不可欠であるにもかかわらず、キリスト教では「人はパンのみにて生きるにあらず」といわれてきたが、その真の意味はなんなのか。なぜ人間は神様や死者に生贄や供物を捧げるのか。宗教による食べ物のタブーや聖化の根拠はどこにあるのか。人間はなぜ食べ物を通じて繋がりあったり、排除したりするのか。こうした食に関する宗教的言説や規範の意味について、人間学の立場から彼は考え直したのである。

『キリスト教の本質』を中心とするフォイエルバッハの宗教批判哲学によれば、人間は自己の本質を（逆説的に）神の本質によって表示するのであり、このことは食という行為についても当てはまる。ある民族や集団は特定の「食べ物」を神に捧げ、そのうえでその食べ物を仲間たちとともに食べ一体感を共有する。こうした行為は、「本質を同じくする者は同じ食べ物を食べ、逆に同じ食べ物を食べるものは本質を同じくする」という考えからなされる。なにしろ神に捧げられるその生贄や供物（食べ物）は、実はその食べ物を共有する人間たちの同一性を表示するものだからである。その意味で供儀とは神と人間との一体性よりも、むしろ供儀の対象である食べ物を食べる人間たちの同一性・一体性を証示するものである。つまりある民族の特定の「食べ物」が、供儀を通して、その人間集団の特質をあらわにするのである。

もちろん神と人間とは区別されるが――食べ物の供与者は神で、享受者は人間である、あるいは神には飢餓の苦しみはないが、人間には食べることに関する苦しみがあるともいわれる――、それでも人間たちは、自分たちが共有する食べ物を神に捧げ、その後その食べ物をともに食べることで、自分たちの同一性・結合性を確証し強化する。歴史的には宗教の発展に応じて（自然宗教から精神宗教へ）、供儀の食べ物が自然物から抽象物（たとえば「聖なるパンとワイン」）になるが、食べ物を介して神との関係による人間同士、人間集団の結束という本質は変化しない、と彼は述べる。

こうしてフォイエルバッハは、供儀という宗教的行為への分析を通して、食（事）の本質とは人間たちにとって（特定の）食べ物を介した「**共食**」であることを剔抉した。「食べ物の共同は心情の共同、本質の共同を前提としているか、あるいは帰結をしている」ゆえに、つまり食べ物は「感性的」ゆえに、人間同士を強く結び付けるのだという。しかし他方で、共食は自分たちと同じ食べ物を共食しない人間たちを憎悪し排除するともいう。「この憎悪には、私たちが食べるものを食べない人は、私たちであるようなものではないという思想が根底にあるのではないだろうか」（五九頁）。「共食」という構造が、民族間の排除や抗争をもたらすものであると語っている。供儀の宗教への人間学的解釈を通して、彼は共食のもつ「イデオロギー性」を指示したのである。

「食の哲学」の解明の必要性

これまでこの著の表題に付された「短文」は名言として知られていても、その哲学的意味は解明されてこなかった。しかし近年、彼の食の哲学の新たな解読が始まっている。B・S・ターナーは『身体と文化』で、彼の食論を「社会文化的身体」の社会思想的な理論（とくに拒食症論など）として注目している。またオンフレイは養生学と快楽主義・幸福主義という観点から取り上げ、『哲学者の食卓』のなかで、フォイエルバッハの「食あるいは食餌学は、神（如何なる神であれ）なくして生きる技術の唯物論的原理」を提示していると語っている。

ただ研究上留意したいのは、フォイエルバッハの著作はそのまま読んでも理解しにくい。それは、彼の著作が独自の叙述法で語られているからである。彼は自分の見解を直接的に述べず、批判分析する対象の宗教的言説を文献から拾いだし（まるで引用ノートのように）、それを逆説的に利用して語る。彼の本意を理解するには、繰り返し語られる短文に注目する必要があるだろう。

「供儀論」が示唆すること

この著は、近代以降最初の本格的な食の哲学書といえるものであり、一九世紀以降に成立してきた食物学・栄養学などの食の科学的知識を踏まえて、食べ物や食べることの意味や役割に関する宗教的言説への人間学的解明を追求したものである。それゆえそれは、伝統的食文化を支えてきた宗教的食観念の見直しに役立つだろう。キリスト教を始めとした世界の多様な宗教文化における食の規制（食べ物の聖化やタブー、食生活の規律など）の意味内容の理解を助け、現代の多様な食文化交流に役立てることができるだろう。他方でこの著の宗教批判的食論は、食文化がもつ人間集団・社会組織の役割やイデオロギー的側面についての批判的考察に役立つだろう。とくに「孤食」化する現代日本の「食育」として推奨されている「共食」がもつ両面的な社会的機能への考察に寄与するだろう。

「人間の本質としての食」を主張する彼の「食の人間学」は、食の意味・目的・役割がみえなくなっている現代人の食のあり方を考え直すための示唆を与えてくれるだろう。

◆所収

『フードスタディーズ・ガイドブック』安井大輔編、ナカニシヤ出版、２０１９、１７５〜１８０頁

補稿：フォイエルバッハ研究の軌跡

哲学・思想の研究および解釈は、時代や社会の思想関心や思想動向とのかかわりが深く、それと無関係に存在しえないものである。それゆえ哲学・思想の研究者は、時代の思想関心を踏まえつつも、それに流されずに自身の思想関心を、研究対象を通していかに追求するかが重要だろう。私のフォイエルバッハ研究もそのことを基本にして続けてきたが、時代とともに少しずつ変化してきたように思う。私のこれまでの研究を踏まえつつ、フォイエルバッハ研究について考えてみたい。

1. 一九七〇年代のフォイエルバッハ研究

私がフォイエルバッハ哲学を研究し始めた頃は、マルクス主義と実存主義とが哲学思想の二大潮流として対立し、フォイエルバッハはヘーゲルからマルクスへの通路の哲学者であり、中途半端な唯物論者・宗教批判者と考えられていた。しかし少数のフォイエルバッハ研究者は、マルクス主義と実存主義との「社会対個人」という思想対立構図に同調しないで彼独自の哲学思想を研究したいと考え、従来のマルクス主義的解釈に縛られずに独自のアプローチで研究をしていたように思う。

当時のフォイエルバッハ研究への導入書は、エンゲルスのフォイエルバッハ論であったが、城塚登の『フォイエルバッハ』（勁草書房）は、そうした伝統的な解釈に縛られずに、フォイエルバッハの「人間学」「感性」「受苦」思想に照明を当て、独自の思想解釈を切り開いた。他方でハイデガーの共同存在論への批判者であったレーヴィット K.Löwith のフォイエルバッハ論（『人間存在の倫理』佐々木一義訳、理想社、1967）も、西洋の新しい思想動向を踏まえて、フォイエルバッハを独自な思想家として紹介した。彼等の研究に刺激されて、本格的にフォイエルバッハ研究を始めた日本の研究者も少しずつ現れるようになった。

そうした新たなフォイエルバッハ研究を通して、日本ではこれまであまり研究されてこなかった彼の感性概念や「我と汝」思想などがもつ近代主義批判思想の意義が少しずつ知られるようになった。そうして（レーヴィットやアスケリC.AscheriやティースE.Thiesなどによって新たに編纂された）選集や単行本を自身で購入して、読み始めた研究者も少数だが現れるようになった（それ以前の日本のフォイエルバッハ研究のほとんどが、ボーリン・ヨードルW.Bolin &F.Jodl編の全集に依拠していた。日本の船山信一訳の全集もこれに依拠している）。

他方で、ミュンヘン大学蔵書にあった原著の新しいドイツ語の全集が公刊されるようになったが（シュッヘンハウアーSchuffenhauar編新全集）、これは次のような思想的背景をもっていたように思う。当時の西欧社会の若者たちによる社会批判運動の思想的基盤でもあったフランクフルト学派の批判思想家、とくにマルクーゼH. MarcuseやA・シュミットA.Schmidtなどが、フォイエルバッハの感性思想に注目し、「フォイエルバッハ・ルネサンス」の動きをもたらした。それらを通して本格的にフォイエルバッハの哲学を研究することを志すようになった研究者も世界だけでなく日本にも現れた。こうした当時の西欧のフォイエルバッハ研究の動向は後に『フォイエルバッハー自然・他者・歴史』（フォイエルバッハの会編、理想社、２００４）で記されている（この著の総論を参照されたい）。

私もまたこれらの西洋の新しい研究動向を踏まえて、従来の解釈（主流のマルクス文脈解釈）に

「縛られない」自由な視角で、彼の哲学思想を研究するようになった。

2. 自由な読解を求めて

ところで、その頃日本では、以上のような西洋の新たな動きとは別の新しい研究動向も開始されていた。これは一八四八年の三月革命を主導した「ヘーゲル左派」の一人としてフォイエルバッハを捉え、彼の哲学思想を、同時代の政治状況や思想状況のかかわりのなかで考えようとするものである。この新たな研究動向は、七〇年代後半から八〇年代に始まり、良知力・広松渉編『ヘーゲル左派論叢（全四巻）』（御茶の水書房、1986―2006）や、石塚正英編『ヘーゲル左派』（理想社、1992）などの研究成果を生みだした。

しかし日本ではほんの一握りであったように思うが、西洋の研究者のなかには、彼の哲学をヘーゲル左派の批判思想家群や三月革命の思想家の一人としてだけ理解するのではなく、あくまで一人の独自な哲学者として理解しようと試みようとしたブラウン H.J.Braun 等もいた。彼らはとくに『キリスト教の本質』WC を中心にした宗教批判哲学や人間学の構造を理解したいと考え、新全集の編纂に努力している。こうした新たな選集や GPZ の初版本を入手して、彼の思索の変化を読みとることを目指した。そうして、WC の著作の修正（第一版と第二版の差異）、

WCと『将来哲学の根本命題』GPZとの差異、WC批判に対する反論、WCと異なる「宗教の本質」WRの自然宗教分析などに注目し、これまであまり重要視されていなかった彼の中期思想の独自な「宗教哲学」について解明が試みられた。

彼の哲学思想を「宗教（批判）哲学」と考えるこうした解釈は、彼の宗教批判を「宗教否定」という一面的視角からではなく、（自然宗教論などを含めて）彼の宗教論を多面的に解釈しようとするものである。この新解釈については、『神の再読・自然の再読』（柴田隆行・河上睦子・石塚正英編、理想社、１９９５）に紹介されているので参照されたい。こうした新たなフォイエルバッハ研究は日本だけではなく、世界的な研究思潮としてあらわれ、一九八九年に誕生した「国際フォイエルバッハ学会」のもとで従来のフォイエルバッハ研究とは異なる多様な解釈にみることができるだろう。

「類」と「受苦」の思想の新たな読解

フォイエルバッハ哲学への新たな読解は、それまで日本で支配的だったマルクス主義一辺倒解釈から彼独自な宗教批判哲学を「開放し」、その独自な思想内容を解明することであるといえる。私も、彼の受苦概念の独自性（受苦の人間学的意味）の読解を試み、それが初期マルクスの思想と同じではないことを論評した。私の受苦概念についての見解は、山之内靖等の解釈にも共鳴するものであるが同じではない。これについては、拙著『フォイエルバッハと現代』（御茶の水書房、１９９７）を参照されたい。

他方で一九八〇年代にフォイエルバッハとシュティルナーM.Stirnerとの関係が日本の研究者間で問題化された。それによれば、フォイエルバッハの宗教批判は宗教を超えるための個我（唯一者）主義に立脚していないどころか、人類教の再建だとシュティルナーは批判したが、フォイエルバッハは反論を著すが、やがて自分の哲学を修正することを試みていく。この試みについてどのように考えるかが、その後、日本の研究者間で或る種の論争となっていったようである。

この論争のなかで、私も、フォイエルバッハの類概念の再構成はシュティルナーの批判によるよりは彼自身の内的動機の要素が大きく、変化は思想内容の反省・自覚化から生じたものであるとの見解を明らかにした（「フォイエルバッハの宗教批判の意味——シュティルナーへの反論をめぐって」『倫理学年報』29、１９８０）。というのもフォイエルバッハは、WCの著（第1版）でキリスト教と一体である近代哲学を批判したが、その後自分の批判哲学にヘーゲル主義の残滓（宗教の本質＝人間の類性という宗教分析の観念性）を自覚して修正を加えていく。そうして自分の類思想を吟味し、「我と汝の思想」「人間と自然との関係」などに立脚する「新しい哲学」を追求するようになったからである。

さてフォイエルバッハは、こうして一八四〇年代半ばからそれまでの自分の宗教批判哲学の内容を再構成し、「キリスト教」批判を超えて、宗教全般への批判を主題とするようになった。そのなかでも彼がとくに注目するようになるのは、「自然宗教」であった。こうした彼の後期の哲学思想の内容変化はこれまであまり研究対象とされてこなかったが、二一世紀以降、フォイエルバッハ研究の新しい研究動向と言えるようである。

3. 「国際フォイエルバッハ学会」とともに

フォイエルバッハ研究は一九九〇年代から大きく変化してきた。これは、ベルリンの壁の崩壊に象徴される世界の東西冷戦体制の終結とともに、近現代社会を象徴してきた資本主義と社会主義という二極対立に支えられた思想構図も色あせて、ポストモダニズムと表されるような思想状況が出現したことと関係している。そうした状況下で、フォイエルバッハ研究はマルクス主義的一元的解釈を脱し、これまでとは違った多様な研究や解釈があらわれるようになった。

この新たな研究潮流は、先述したように、一九八九年に成立した「国際フォイエルバッハ学会」が象徴しているといえる。この国際学会は世界の東西の研究者が集まり、フォイエルバッハに関する新文献（とくにシュッヘンハウアー編のアカデミー版新全集の公刊）だけでなく、日本を含む世界各国のフォイエルバッハ研究者の状況を紹介したり、彼の哲学の今日的意義を議論し出版化したりしてきた。日本でのあまり多くないフォイエルバッハ研究者たちも、この国際学会に参加し発表などをおこなってきた。

ところでこの国際学会の成立を機縁に、日本でも「フォイエルバッハの会」がつくられたが、この会では年数回『通信』を発行し、国際学会の状況や会員たちの研究業績や著書を紹介したり、会員へのインタビュー、エッセイや研究活動などを掲載したりして、日本のフォイエルバッハ研究情報を今日まで公開している。『フォイエルバッハ―自然・他者・歴史』という著書は、こうした会員たちの活動によってうまれた論文集である。

この日本の「フォイエルバッハの会」の活動については、ホームページでみることができるが、これは、柴田隆行氏に全面的に依拠してきたといえる。彼は『フォイエルバッハ日本語文献目録』を作成し、会の『通信』を含む日本のフォイエルバッハ研究状況をインターネットで情報公開してくれる一方で、国際学会の副会長としても活動し、随時、国際的なフォイエルバッハ研究の動向を日本に紹介してくれた。

4．二〇〇〇年以降の研究動向

さて二一世紀になるとポストモダニズム思想状況の世界的波及により、フォイエルバッハ研究も徐々に変化してきたといえる。そのなかで、とくに注目されるのは、彼の「身体論」である。彼の身体論は、彼の中期から後期にかけての思想系譜のなかで重要な内容をもつものであったにもかかわらず、従来の研究では十分に焦点化されてこなかった。しかし彼の身体論は、彼の両義的宗教批判の性格を明示するものであり、受苦的人間学の内実を示すものであるということができる。

それは一方でこれまでの神学的思弁的哲学における「精神主義」への批判的論拠であると同時に、他方で彼の「将来の哲学」である感性的人間学の中心的理論をなすものであるといえる。つまり彼の身体論は、人間の身体がもつ自然制約性や有限な受動性だけでなく、受動的身体性を引き受けつつも同時に自己が関係的に活動する能動性をもつという二義的なあり方（「身体をもつと同時に肉体である」という身体的実存の姿）を明示した新しい視角をもつものであった。

こうした身体論の視角は、A・シュミット A.Schmidt、ライテマイアー U.Reitemeyer、ヴァール J.Wahl、ターナー J.S.Turner などの研究によって知られるようになっているが、フォイエルバッハの中後期思想における独自の理論ということができるものである。私自身もこうした研究に大変刺激を受けて、その研究を『宗教批判と身体論―フォイエルバッハ中期・後期思想の研究』（御茶の水書房、２００８）にまとめている。

5.「食の哲学」研究について

最後に私の現在の研究主題である彼の「食の哲学」について述べたい。
従来、彼の後期思想については「唯物論」的後退理論として研究対象とされてこなかったが、こうした見方もまた哲学研究における「イデオロギー的制約性」ではないかとの考えから、彼の後期思想を読み返し、そこにはこれまで全く注目されてこなかった新しい考え方があることが見えてきた。

フォイエルバッハは晩年、自然宗教や古代宗教へと宗教分析を広げていくとともに、「生活」に密着した哲学理論を模索するようになるが、他方では当時新たに登場してきた自然科学にも関心をもつ。「食」への注目は直接的にはモーレショットの栄養手段論・食物学からであったが、食に関する自然学的「知」を通して、彼は人間の生存にとって不可欠な営みである食活動について考えるようになった。そして「食」を介した人間相互の関係性（共食性）や自然との内的外的かかわり（感性）の意味について、自身の広大な宗教研究を踏まえて解明しようと試みようとした。そういう研究の成果が「人間とは彼が食べるところのものである」という有名な文に象徴される彼の「食の哲学」構想であった。

こうした彼の食の哲学構想を、私は彼の思想発展の中で跡付けることを近年試みてきた。フォイエルバッハはいわば近代以降初めて「食」を哲学の主題とした哲学者といえる。しかし最近まで「食」は哲学思想領域では主題化されてこなかったので、そうした背景とともに彼の食論を考えたいと思い、食の思想史をとりあえず研究し、拙著『いま、なぜ食の思想か――豊食・飽食・崩食の時代』（社会評論社、２０１５）に著したのである。食が「時代文化のブーム」となっているような今日的状況のなかで、彼の食の哲学がもつ思想史的意義について、今後も研究がなされることを希望している。

第Ⅱ部　食と社会　―現代日本の食の問題―

第Ⅱ部　まえがき

第Ⅱ部は、現代日本における「食」の世界が抱える問題についての考究である。

私たちのいのちを支える「食」は、歴史・文化・生活のなかで変化しつつも、人間の生命・生存を支える不可欠の基盤・要件として保障されねばならないものとされてきた。だが現代日本における食の世界は、近代以降の産業化や技術化のもとで、地域・文化を超えたグローバルなものとなり、そのあり方そのものが変化している。

食を支えてきた農林水産および流通・販売・消費・廃棄を含めた食全体のあり方・経済構造全体が大きく変貌し、私たちにとって、食の世界が分断化・個別化されて見えなくなるだけでなく、消費の場のみの世界となってきている。しかもそうした消費の場を中心とする食の世界は、「北」の「豊食・美食・飽食」と「南」の「貧困・飢餓・欠食」に代表される格差の対立構図が支配的である。そうしたなかでは食の役割や意味も不明瞭になりつつあるのは当然であろう。現代日本の「食」の世界もこうした現実のなかにいる。

このような現実を踏まえて、本書の第Ⅱ部の各章では、現代日本の食の世界が抱えている問題についての筆者の見解を表明したものである。

第5章は、二〇一九年から現在も続いている新型コロナ感染症のパンデミックが変えつつある食の世界の変容の問題について、第6章は現代日本の家庭における食事の形態としての「孤食」という問題について、第7章では食（事）に関する「イデオロギー」の問題について、第8章では食（事）と「ジェンダー」との関係問題について―日本のエコフェミニズムの問題提起も併せて―の考察である。

第Ⅱ部の各章は、そこで取り上げた「主題」も、公表した「年」も同じではなく、独立しているが、それらは今日の日本の食の世界がいまもなお抱えている問題といえるだろう。それゆえに関心のある問題から読んでいただければと思っている。

補足になるが、現在、新型コロナ感染症のパンデミックによって、食の世界も大きな影響を受けている。コロナ禍の食の世界では、食べ物の流通・販売などの問題だけでなく、人々の食をめぐる関係性の問題、食の生産・販売・消費のあり方の変化に伴う家族や地域などの人間関係、国際関係の変容問題も顕著になってきている。もちろんこうしたコロナ禍での生活だけでなく、労働・仕事・経済・文化などにおいても世界的な「危機」に遭遇しており、それは個々人の暮らしだけではなく、人間自身の生き方や人間関係、社会のあり方までも徐々に変えつつあるようである。こうしたコロナ禍の「食」の世界の変容問題については、それらと密接にかかわり、食の世界を支えている日本および世界の政治・経済の構造的問題や思想的問題を考える必要があるだろう。コロナ禍のこうした食の問題については、とくに本書の第5章を参照にしていただきたいと思う。

第5章　コロナが変える「食（事）」の世界

―「いのちと経済」で揺れる「食の思想」を考える―

はじめに

日本人の「食事」の変化が論議されるようになって久しいが、これは二〇世紀後半以降のグローバルな新自由主義的資本主義社会の発展に伴う「食」の世界の変化と深くかかわっている。食事のあり方は時代や社会の消費生活や労働状況および考え方に密接に関わり、単に個人や家庭における単純な選択の問題ではない。現在、私たちは新型コロナのパンデミックのただなかにいる[1]が、これは私たちの生命・生存・身体はいうに及ばす、家庭・仕事・学校・教養・娯楽などの生活全般に大きな影響を及ぼしている。新型コロナの私たちの生活への影響は深刻であり、私たちの日常も不安に満ちたものとなっている。そうしたコロナ禍の日常のなかでの「食」

の問題、とくに「食べること」や「生活」に密着している「食事」のあり方に焦点を絞り、その考え方や「思想」的問題をここでは考えてみたい[2]。なお食（事）の世界と密接な関係のある「農」「流通」「労働」「経済」「教育」「文化」などの「食の世界」全体については、コロナ問題との関係から触れるにとどめる。

1．コロナと「食」の資本主義

二年以上にわたって世界中で、コロナに感染した人々に対する全面的な医療的対応がなされ、ワクチン接種も広がりつつある一方、各国政府指導のもとでコロナ感染を防ぐための「人とモノとの交流」の制限・禁止などの諸政策がなされている。にもかかわらずいまだコロナは終息しているとはいえない。コロナ感染の社会への影響は極めて深刻であり、コロナ問題は文明史的な問題であるように思う。そうしたコロナが引き起こす様々な諸問題について、多様な論議がなされているが、コロナの原因解明や総合的解決へ向けた明確な展望もいまなお切り開かれていない。

「新型コロナウイルス（COVID―19）のパンデミックは、グローバルな資本主義経済に依拠する私たちの食の世界と関係がある」という見解がある。その一つは、コロナの発生源が野生動物食と関係し、自然生態系の破壊が環境問題をもたらしているというものであり[3]、他はコロナのパンデミックが小規模家族経営農（畜）業の解体とグローバル大企業中心の工場型畜産の拡大に関係があるというものである[4]。前者についてはコロナ発生源説として知られており、武漢に始まった新型コロナ感染症が「別の動物を中間宿主として人間に感染力をもつようになった」「動物由来感染症」の一種であるとするものである。

これは、人間による森林伐採などの自然破壊や野生動物の狩猟や取引拡大によって広がった「ブッシュミート（森の肉）」といわれる「野生動物食」とコロナ発生が関係しているとの見解である。後者の方は、小規模な家族農業に依拠した自然的農法の解体と、大規模工場型農畜産業による人工的（農薬・化学肥料などの投入）食肉中心の生産主義がパンデミックに影響があるとするものである。

私はこれらの見解は説得力をもっているように思っている。というのも一方では現代人の飽くなき（肉を中心とする）**食への欲望の拡大と商業化、それに対応する過度の消費主義経済**が、野生動物の生存環境や自然環境を破壊していること、他方では鳥や牛豚などの自然的飼育法ではなく抗生物質使用の肉の工場型生産法が、コロナ感染の誘因力となっていると考えるからである。新型コロナ感染症は、インフルエンザやサーズＳＡＲＳやマーズＭＥＲＳのパンデミック型感染症と同様に、食への人間中心主義的欲望の拡大が人間自身の健康や生命を脅かすだけでなく、多様な生物界や環境そのものへの破壊という危機をもたらしているように思う。

いうまでもないが、こうした人間の食への飽くなき欲望と消費主義の拡大には、新自由主義的資本主義経済構造と密接な関係がある。それは、現代のグローバル資本主義経済が私たちの食の欲望を**商品化**して消費へと駆り立てる一方、また逆にその消費を通して食の欲望を拡大するための多様な商品を生産するという〈生産・流通・消費・廃棄〉の循環的構造をもっているからである。私たちの食の欲望の商品化を介した循環型経済構造[5]が、**食の資本主義**なのだといってもよいだろう。

新型コロナウイルスは、こうしたグローバル資本主義的循環型経済社会を支えている「**人とモノとの交流**」を介して、個々人の生命・身体に侵入し感染症の危険をもたらしている。それゆえ人とモノとの交流を可能なかぎり少なくするかあるいは中断・停止させること（コロナ対策）が、私たちの「いのち」を守るために必要だと考えられている。しかしコロナ感染症防御のために人とモノとの交流を制限することは、資本主義経済社会を揺るがし、私たちの生活をも脅かすことになる。そこからコロナ対策と経済、いわば〈**いのちと経済**〉とは反立しあうものとなり、両者ともに保持するのが困難になってくる。両者の両立は可能なのだろうか。

現代社会においては、食の活動も生産に始まり流通、消費、廃棄などに到る諸活動すべてが主に経済活動に属するということができ、その第一の目的は経済活動とくに消費経済の維持・拡大にあるといってよい。それゆえ食の経済活動が停滞・中断することを可能なかぎり忌避することが必要である。しかしコロナ禍では私たちのいのちを保護するために、食の経済活動をも制限せざるをえない。他方で私たちの食事には、経済活動の側面ではない「**いのちの保護**」という「**役割**」がある。コロナ禍でも私たちは食事を通して生命の維持・保護をしなければならない。ここから私たちにとって、食事とは経済活動の一環なのか、それともいのちの保護のためなのか。コロナ禍のなかで「**いのちか経済か**」の選択を迫られる。私たちの食事の役割・意味が問われているのだ。

2. コロナ禍の食（事）―「新しい生活様式」

食（事）は私たちの生命・身体の維持や健康のために必要不可欠の活動・行為であり、医療とは別種の「いのちの守護神」とみなされ、コロナ下でもコロナ後も保障されなければならないとされている。しかし感染が拡大しているなかではその食事活動も制限されざるをえない。制限される理由は、食（事）活動を支える「人とモノとの交流」がコロナ感染ルートだからである。しかし「人と（食べ）モノとの交流」によって成り立つ食（事）活動全体を制限することはできないので、**食事のあり方**を制限するという方法がとられている。つまり「不要不急」の食事活動を規制するという方式がとられている。問題はこうした食事活動の制限の内容と意味である。そのことについて食（事）活動全体のなかで考えてみよう。

二〇二〇年五月四日、コロナウイルス感染症の拡大に伴い、コロナ下の私たちの食事のあり方について「**新しき生活様式**」という方法が厚生労働省から公表された。実際の食事がその指示のようになされているとは思わないが、それは次のような指示である。

コロナウイルスの感染通路は「**人とモノとの接触・交流**」、とくに「三密」（密集・密接・密閉）の場であり、食事はそういう「密」の場の典型であるゆえに、コロナ禍では制限すべきとされた。家庭の食事、親しい人間同士の食事、給食、職場や行事での食事、飲食店やレストランなどの会食に、「新しい生活様式」[6]という指示が出されたのである。もちろんこの「新しい生活様式」は食事だけでなく、コロナ禍での私たちの生活全般の行動や働き方についての指示[7]もある。人との接触を断つことが容易ではない「買い物・交通機関の利用・娯楽・スポーツ・イベント参加」などにも人数や時間の制限がなされ、感染者が急増した場合には外出自粛・ステイホームなどが要請されている。

大塚英志は、（上からの）こうした指示はまるで「戦時期の大政翼賛会の〈新生活体制〉のようだ」と批判している。[8]たしかに大塚氏のいうように、これらの政策は「強制力」をもっている面があるが、同じではないようである。というのもこの「新しい生活様式」の指示は、かつてのように直接的・指令的なものではなく、基本的には「推奨」であり、私たちの「自由」を尊重しているようである。しかしその自由は「**自己責任**」という考え、つまりこの「指示」を守らないで感染症にかかっても、結果は「自業自得」だとするような考え方をもっている。会食で感染した者への世間からの厳しいまなざしも含め、そういう面でこれは「間接的強制力」をもっているといえる。それだけでなく、コロナ感染者への社会的差別・排除への「同調圧力」となっているように思う。[10]

個々人の食事のあり方が社会的差別や排除ということにかかわってきたことは、「食」の歴史的研究で明らかにされてきたが、[11]そうした「食」にかかわる社会的差別はいまもなくなっていない。コロナ禍で貧困・失業・倒産などによって、その日の食事に困窮する生活を余儀なくされているホームレスや独居者や失職者や外国人たちにも差別の鉾先が向けられている。それにもかかわらず彼（女）たちへの社会的支援は欠如している。[12]こうしたコロナ禍の実態を踏まえると、「新しい生活様式」が「**自助・共助・公助**」というコロナ対策の考え方と一体であることがみえてくる。

今日日本ではコロナ下でも、社会支援制度が「自助」中心の新自由主義的考え方に依拠した「**自助のもとでの公助**」（生活や食支援）という考え方にたっているようだ。しかしコロナ感染の拡大は、個人的要因を超えて私たちの生命・身体・生活全体を根底から危機にさらすゆえに、自助（自責）中心主義の支援という考え方では対応できない。にもかかわらず日本のコロナ対策の支援制度は、コロナ以前の考え方（自責主義）をいまなお踏襲しているように思う（「生活保護」の延長的支援という考え方[13]）。

日本のコロナ対策は、国民の「自助」努力（「新しい生活様式」を含む）を基本にしたうえで、事業者や企業への「経済支援」という「公助」（一連の「ゴー・ツー」政策）がなされるという仕組みになっている。それゆえそこでは「共助」という考え方は欠如しているように思う。いや「共助」自体も「自助」を基本とする考え方（新自由主義理念）で実施されている。そこから日本のコロナ対策での「共助」はほとんど民間任せとなっているようである。そうして「子ども食堂」や高齢者へのケア施設等は人とモノとの交流が避けられないとして、閉鎖や休業を余儀なくされても支援があまりなされない[14]。そのことはコロナ禍の私たちの暮らしを、「**共助**なき**自助**のもとでの**公助**」という新自由主義的理念で考えているからではないだろうか。

3．食（事）の変容 ―「新食（事）産業」

現代日本の食事形態については、近年「**孤食**」という問題がいろんな観点から批判的にも論議されてきた[15]。孤食では食事の基本的役割・機能である「社会性」「共同性」が失われるといわれてきた。孤食は人間たちが形成してきた食の共同活動の歴史や機能に「反する」「そぐわない」とみられてきたといってもよい。しかし現代日本の孤食には個人の食事への自由な選択・意志表示という面[16]もあり、またその背景には現代日本が抱える家族や労働等にかかわる問題もある。そしてさらに孤食にはグローバル資本主義の産業技術のもとで生産される多様な個的食品（食べモノ）ということが土俵となっている。つまり現代日本の「孤食」は「否定的」食事様式というより、個人の食事選択と個別商品化される食品という「食」の世界の資本主義的産業構造と無関係ではないのである。[17]

ところでコロナ下のステイホームの食事には、多くなった「内食」の手づくり料理や一皿料理にも「孤食的食事法」が取り入れられているようだ。というのも政府指導の食事法である「新しい生活様式」が「孤食」に近いからである。もちろんそうした食事法はあくまで「コロナ対策のため」の一時的な現象にすぎず、ポストコロナでは従来型の「共食」に戻ると考えられているようだが、はたしてそうだろうか。コロナ下の現在の私たちの食事のあり様を確認してみよう。

人との交流の多い都会を中心に、家庭の食事は近年、いやとくにコロナ下では、近所のスーパーなどでの食材の直接的購入よりは、**テイクアウト**、**インターネット**や**スマホなどを利用し**

たデリバリー、「ウーバーイート Uber Eat」のなどの**宅配**による**調理済み弁当や料理品**、冷蔵庫に大量に保管されていた冷蔵冷凍品の**解凍品**などが増えているようである（「外食」「中食」「輸入食品」の「内食」への導入）。また食材をオートに調理・料理してくれる**電気調理器**なども家庭で人気だそうだ。これらを利用する（料理の）食事法は、単身者や若者だけでなく高齢者にも増えていると聞く。そうした食事法は、人（家族など）のケアも、食品（モノ）との関わりも少ないので、コロナ感染の危険が少ないと受け止められ、流行しているようである。

だが家庭の食事に関するこうした食（料・品）の入手法、食材の調理・料理法などの変化は、コロナ禍のみの特殊な現象ではないようだ。人（生産者や流通販売業者など）との直接的交流のない、インターネットなどの通信手段を利用して入手する（半）完成食品中心の食（事）は、コロナ以前からすでに徐々に、私たちの日々の食（事）に取り入れられているからである。こうした「変化」はコロナ禍の現象を意味するだけだろうか。

これまで日々の食事を支えてくれた近所のスーパーや食料店に変わって、（コロナ禍で経営悪化した）飲食店やレストラン、遠方の有名食品店やデパート、アマゾンや楽天などの大手企業までが私たちの食卓に参入してきている。しかもそれらは冷凍技術およびインターネットやＡＩ技術を利用したリモート商法という最新の「流通・販売手段」を使って、食（料・品）のもつ時間的空間的な制約を超えて、私たちの食事のあり方自体を変えつつある。これは「**新食（事）**

産業」による食（事）「改変」といえそうだ。[18]

だがこの改変には別の誘因がある。それは一方に家庭の食事を主に担ってきた女性たちの多くが家庭外労働（多くは非正規雇用というあり方）に参入し、家庭内の食事づくりなどを合理化せざるをえなくなったこと、他方にコロナによって男性たちが自宅でのテレワークが増えて、家庭内の仕事の一部を担わざるをえないようになったことである。これまで日本社会が抱えてきた食事労働（食事のケア）にかかわるジェンダー問題[19]を、「新食（事）産業」はコロナによる労働再編と食事の改変という方向で、組み替えようとしているようである。

かつて親しい者たちによる食べモノを介した「ケアとコミュニケーション」の場（共食の場）であった食卓は、いまではコロナ対策の場となり、食事を通した人との交流の場も少なくなっている。だがそこでは食でつながる家族以外の人間たちの顔は見えなくなり、また流通している食品の「安全性」も保障されていない。こうしてコロナ禍で減少しつつあった輸入食品が、この新食（事）産業の到来で活性化しているようだが、その輸入食品の安全性の基準も不確かである。なにしろ各国のコロナ対策が「人の交流」に向けられていても、「食べモノ」の国際間の交流・流通・貿易に関しては不十分であるようだからである。

ところでコロナ下で注目されてきているこの「新食（事）産業」方式は、実はコロナ以前からすでに生協や生活クラブなどの「**食の協同組合活動**」によって行われてきた（いや「新食（事）産業」がその協同組合方式を借用したのだ）。しかしその食の協同組合方式は、「新食（事）産業」とは根本的に違うように思う。そこでは生産から消費への流通手段としてすでにＡＩやインターネットを利用してきたが、それを支えている考え方が根本的に違っている。私見では、食（事）における「**人と食べモノとの交流**」についての考え方自体が違うからである。そこでは「**食べモノ**」の「安全性」が活動の基軸であり、それを中心とした「生産者と消費者との協力」、食の目的を同じくする諸処の人間同士の社会的活動を協力しあい支援することが基本となっているからである。

そうした食の協同組合活動に対して、コロナ下で登場してきた「新食（事）産業」は、あくまでコロナ禍で出口なしの状況においやられた「食」産業の経営戦略（救済・存続・拡大？）として登場してきたようだが、いまや本業になりそうである。[20]インターネットやＡＩのリモートという食の流通手段の利用も、ポストコロナの新たな食（事）産業としての再編成、つまりグローバル資本主義的食（事）産業の再構築を意図しているようである。それゆえにそこでは食の消費経済拡大のための合理性や利便性が優先され、食（料・品）の安全性は二次的なものとなっているように思う。しかしこうしたコロナ下の食（事）の新たな動向は、私たちの食生活のみでなく、「食」の世界全体にも大きな影響を与えてくるように思う。

4．現代日本の食（事）思想

二〇世紀後半以降「食」の世界はグローバル資本主義の発達によって大きく変化してきたが、それは私たちの日々の食事のあり方をも徐々に変えてきた。だがそうした食事の変化には、私たちの食事についての考え方も大きくかかわっているように思う。それだけでなく私たちの食事についての考え方（「食べること」についての考え方・食事観）が、ある意味でその変化を後押ししてきたように思う。私たちの食事観が、コロナ禍の「食」の変化を含む食事の問題にどのようにかかわっているか、考える必要がある。

コロナ禍での食事の変化にともなって、私たちの食事についての考え方も変化しているが、その変化は「いのちと経済」との間の「揺れ」だけとはいえないようである。というのも食事のあり方が近代化による食の世界化とともに多様化して、かつてのように宗教性や地域性に全面的に規定されなくなり、私たちは食事について自由な考え方をするようになったからである。とりわけ二〇世紀後半以降の食のグローバル資本主義経済の発達による食事の変容は、個々人の食事観自体をも変化させてきている。食事のあり方と食事観は相即的関係にあるといえる。そうした現在の私たちの食事についての考え方・食事観は、食事の「目的」の観点から次のように分けることができよう[22]。(1)**経済（商業）主義**、(2)**美食（快楽）主義**、(3)**健康（栄養）主義**、(4)

共食（**共生・ケア**）**主義**などである。これら現代日本の主要な食事観・思想が、今日私たちが抱えている「食（事）」の問題とどのようにかかわっているか考えてみたい。

「食」産業が現代資本主義経済社会の主力産業となっているなかでは、食事に関する「経済（商売）主義」の考え方が飲食業、観光業、宿泊業などを支える思想として主流となってきた。この思想は資本主義経済社会を支えるだけでなく、個々人の食（事）のあり方も規定し、食のマンモニズムを進めてきたといえる。そしてこの経済主義を志向する食の思想は、「美食主義」「快楽主義」などの考え方と一体となって、食の資本主義的消費主義を推進してきたといえる。それゆえにこの思想が人間相互の貧富や差別などの問題を推し進めてきたともいえるだろう。だがこうした食（事）思想に支えられている食（事）の場は、現在コロナ感染の「人とモノとの交流」の場として、規制対象とされている。飲食業や観光業などのコロナ禍の経営低迷には、経済第一主義およびそれを推し進める美食主義や快楽主義などの現代人の食（事）思想が関わっていることを認識したいと思う。

しかし他方でこの食事に関する「美食主義」「快楽主義」の思想は、現代人特有の食（事）思想や豊食的な食事観だけでは捉えられない。これは人間の「食べること」における「食の感性」に根差すものであり、人間の食文化の歴史をつくってきた原動力でもある。人間は貧食や粗食や節食においても「美食や快楽」、つまり「おいしさや喜び・楽しさ」を求めるといえるのであり、必ずしも現代人固有の経済主義的食の欲望観念ではない。もちろんこの食の感性思想が、現代社会のなかで「経済主義」に支配されていることが問題だといえよう。

食（事）の「健康（栄養）主義」という考え方は、伝統的な医食同源思想や養生思想、現代的ベジタリアニズムなどにみられるように、食（事）の目的にもっとも適うものとみなされてきた。コロナ禍では「いのちの保護」のための食の役割を支える思想として、改めて見直されている。しかしこの健康（栄養）主義も現代社会においては問題があるように思う。

食の健康主義思想は栄養主義や健康食ブーム、「健康至上主義」となって、伝統的な「食」文化に対する偏見や非難を引き起こすことがある。[23] それだけでなく、それは個人の食事の自由領分を超えて社会全体の「食事観念」となり、強制力をもって、（「病」を介した）差別や蔑視などを生みだす。これは健康をめぐる社会的意識の問題だけではない。ナチズムの食思想にみられるように、国家の「食（事）イデオロギー」となる危険性をもっているからである。[24] だがもともと「健康」という考え方は多様であり、身体的健康だけでなく、精神的健康という考え方もある。[25]「健康」の考え方は個人の心身状況や社会や時代と結びついており、必ずしも普遍的なものとはいえないのだ。

ところで今日新たな「健康」についての考え方が生まれている。「**ワンヘルス** One Health」という考え方は、健康概念を人間だけでなく、人間がかかわる家畜や野生生物の健康、そしてそれら生物の環境を含む地球全体の健全さを考えるものである。この考え方は「人獣共通感染症や薬剤耐性菌、および環境汚染などへの対策」でもあることが示しているように（コロナウィルス発生源を食の欲望による環境への破壊とみる考え方と同様に）、現代人の「食」の問題が生物多様性や地球環境問題と一体であるという認識にたっている。これは「健康」を人間に限定せず動植物などに広げ、人間・生物・環境・地球等の繫がりのなかで考えるものであり、近代以降の「人間中心主義」思想を超える考え方といえる。(26) 人間の生活や生存のあり方を、他の生物との関わりや環境のなかで考えようとする「共生の思想」ということもできるだろう。

「食の思想家」石毛直道が、人間は「共食する」および「料理する」動物であると語ったように、「**共食**」の思想は人間的な「食事」についての考えをもっとも表示すると考えられてきた（食の生産から消費に到る人間の食活動の「共同性」と結びついていたからである）。この共食の思想は、家族や共同体などの食（事）の共同だけでなく、そうした共同的食事を可能にしている人間の関わりの総体を含めた考え方であり、家庭の食事や宗教文化の伝統的行事などの食事において継承されてきた考え方である（そこにはいわゆる家父長制的な共同体思想もあり、ジェンダー差別を始めとした食事の差別観も見られる）。

この共食の思想も、現代の孤食化する食（事）のあり方のなかで変化しつつある。家族間や共同体での共食とは別の集団間、友人間、仕事仲間、母親同士などの共食があり、また個食的な共食形態や、世代や食事時間の差異をもつあり方などもあり、一様ではなくなりつつある。人間間の「繋がり」が家族・学校・職場・地域・宗教・国家に限定されなくなった現代社会のなかで、食事を「**ともにする**」という「共食」の思想自体が変化しているようである。現代日本における共食の風景の多くは「行事」等での「会食」にみられるようだが、その会食の「人と食べモノとの繋がり」がコロナ感染ルートとして規制対象とされることは、共食という考え方自体を揺るがしているようである。

5．「食の哲学」の入り口

近代以前まで私たちの食（事）についての考え方は、家族や隣人や親族たちとともに暮らしている土地・共同体・地域・市町村・習俗・宗教・文化・伝統等に規定されていた。しかし近代以後、食の資本主義経済社会は、それまで地域や共同体や環境等に規定されていた「人間と食べもの」を、経済活動の「主体と食品」に変えつつ美食と快楽と健康をめざす「食（事）の世界」をつくりあげてきた。いまや私たちは「食べモノ」を自由に手に入れることができるので、自身の食（事）のあり方のほとんどを資本主義的経済体制に依拠し、食べものの安全性も環境との関係も食科学や栄養学の専門家に（それどころか政府や企業に）任せきりにしている。それゆえに自身の食事観を再考したり、**食事の役割や意味**について考えたりすることもほとんどない。

だが一昨年来のコロナ禍で「いのちの保護」以外の食事は「不要不急」とされ、私たちは自分の食事との関わりや役割・意味を考えざるをえなくなっている。ポストコロナの食（事）の世界やあり方はどうなるのだろうか。最後にその手掛かりを求めて、食の思想の役割・意味を考えたフォイエルバッハの「食の哲学」を確認したい。

一九世紀の哲学者フォイエルバッハ（L.Feuerbach）は、「人間とは食べるところのものである」という名文を副題にもつ著作[27]を書いている。この著作は歴史上でも哲学史上でもほとんど無視されてきたが、二〇世紀後半以降の豊食時代の「食」ブームのなかで少しずつ注目されるようになった。この名文（Der Mensch ist,was er ißt）は、【人間は「食べもの」を「食べる」存在である】という彼の「**食の哲学**」の表明だった。この名文の〝was〟には、人間の「**食べもの**」と「**食べること**」という二つの語彙が込められている[28]。彼の「食の哲学」は、その二つの語が指示する「自然主義と人間主義」が基本になっている。

人間は「**食べもの**」＝人間と同じく「**自然とつながっている生き物**」を、自らの生存に不可欠なものとして、長い歴史のなかで多様な食料・食材・食品・加工食品・料理・嗜好品・酒類・

調味料等という「人間のための**食べモノ**」に変えてきた。それらは現代ではほとんどが商品化された世界に属する。他方の「**食べること**」は、生物としての人間（類）に共通する生命維持活動であるが、実質的には個人の感性的身体活動として作動する。そうした（社会的かつ個人的）人間の食活動は、精神的文化的活動を伴って、さまざまな食活動のための道具・技術・文化・産業・流通・倫理・タブー・思想などを歴史的に構築してきた。そうして構築されてきた私たちの「食の世界」とは、それゆえに、自然に由来するもの（「自然主義」）と人間に由来すること（「人間主義」）という二つの原理で構成されている世界である。

しかし近代社会はこの二つの原理で構成されている食の世界を、自然（主義）への人間（主義）による支配によって改造してきたが（食の思想においても人間主義が優位となる）、食の哲学はこの二つの原理をどのように両立させていくかが課題だと、彼はいう。

宗教批判哲学者のフォイエルバッハはまた「共食思想」の哲学者であった[29]。彼によれば、「食」の生産から流通・消費・廃棄に至るすべての人間の食活動は人間の共働性によるものであり、共食は人間性と社会性を形成するものであるが、それは同時に人間間の排除や差別をもたらすという両面性をもっているという。他方で彼は近代的理性にたつ知を追求する哲学者ではなく、自然や文化や生活の知を尊重する「感性」の哲学者であった。とりわけ「おいしさ」「喜び・楽しさ」などと結びついている人間の「食（事）」にみられる「総合的・文化的感性」は、「**身**

体的存在」としての人間がもつ創造力の源であり、どんなに貧しい食事のなかでもなくなりはしないと語っている。共食と感性力は人間の食（事）活動の原点であり、「食の哲学」の入り口だと、彼は考えていたのである。

おわりに

人間は今日まで圧倒的な科学的な知力や技術力のもとで、（多くの生き物や環境を含む）**自然**のもつ力を人間の支配下に組するように改造してきた（人間中心主義）。しかし現在、新型コロナウイルスが「人とモノとの交流」という（食事を含む）生活の土俵を通して「人間の身体」に攻撃をかけている。これは「自然」という出自をもつ「ウイルス」からの反撃だという見方もある。ポストコロナへの入り口は、人間の生命・生活・文化の基盤である「食（事）活動」における「食べもの」がもつ（人間・生物・環境・地球などの）「自然」との繋がりを再考するところにあるように思う。

第６章　「孤食」について哲学する

はじめに

「近頃、食について研究している」というと、哲学の専門家から「哲学を辞めたの？」といわれることがある。私としては、哲学研究を続けているつもりだけれど、どうしてそういうのだろうか。

今日、食の問題は現代の重要な問題として、様々な観点から論じられたり、多くの新しい学問も生まれたりしている。にもかかわらず、哲学においては食の問題はまだ主題化されていないようで、「食」に関する哲学的研究はあまりなく、「食の哲学」というような書籍も翻訳書以外ほとんど見かけない。どうも「食」の問題は哲学の対象ではなく、自然科学や社会経済の分野で追求すべきもので、哲学的追究はあまり試みられていない。それゆえに、私の食研究について、哲学専門家の疑問もでてくるのかもしれない。食の問題は現代の哲学の問題ではないのだろうか。

1. 食と哲学

「食」は哲学の主題ではないというのは、哲学の伝統的な考えからきているようである。形而上学を出自とする哲学は、古来、事柄の本質・根本・意味を追求し、思考の論理的解明・明晰化、普遍性を志向する学問であるといわれてきた。それゆえ哲学は、食の「本質」を追求するものであっても、現実的な食の問題についての解決をめざすものではないと考えられている。この伝統的な哲学の考えは、古代のプラトン以後、近現代哲学まで継承されてきたが、それでもアリストテレスやプルタルコスのような古代のギリシア・ローマの哲学者たちは、人間にとってよい食べ物とはどういうものか？　食べることのルールのあり方とは？　人間にとっての食べることとの意味とは？　などについて思考をめぐらした。[1] しかし伝統的には、食はあくまで「形而下的問題」「日常生活の問題」として、哲学の主題とされてこなかったといえるようである。

それでも食の世界は二〇世紀後半以降大きく変化してきたことから、一九世紀後半には食に関する科学（栄養学・食物学を中心とする食学や化学）がうまれ、食の自然科学的解明が始まるとともに、食の加工技術化・産業化・企業化がすすめられてきた。この進行は食を支える「農」の脱自然的技術化（緑や青の革命などの工業化）とともに、食の世界の資本主義化を意味している。そうしていまや食の世界におけるグローバル資本主義化にともなう多くの問題が生じてきており、食の生産と消費の分離を始め、世界中に飢餓と肥満や、「北と南」の格差がある。そして食の安全性の崩壊、遺伝子組み換え技術を始めとする加工技術への不安、食をめぐる人間間の分裂、食品ロスや膨大な食料廃棄物、食情報の氾濫、さらには調理技術のテクノロジー化（AIまで含む）の影響など様々な問題が生まれている。こうした問題は従来の自然科学を基本とする食の学だけでは対応できないのは言うまでもないだろう。そこから近年では多様な食の学問（食学）が要請され、複数の分野が連携しあう学際的研究もなされるようになった[2]。

ではこうして新たに登場してきた食学は、今日の食の世界が抱える問題を解明できる考え方や方策を見いだしているかといえば、必ずしもそうではないように思う。というのも今日の食の問題は相互に重層的に連関しあっているだけでなく、現代社会の構造やあり方の問題や人間の生き方の問題に深くかかわっているので、それぞれ個別化し専門分化した食学の連携では十分に対応できないように思うからである。こうした状況を踏まえて、レオン・R・カスは、食の問題の「難しさの根底にあるものは哲学的な問題ではないかと思う」と述べている。そして食の哲学の必要性を説いている。(3) これがどういうことを意味するのか、後の章で私なりに考えてみたいが、近年こうしたことを背景に欧米では、現代の食の問題についての本格的な哲学研究が少しずつ始まっているように思う。日本ではまだのようであるので（日本においては食の哲学と思われる書籍はほとんどない）(4)、ここでは現代の食の問題への哲学的追究とはどういうものなのか、その端緒を求めたいと思う。

現在、日本社会が抱える「食」の問題は多岐にわたっているようである。私はそれを、「豊食・飽食・崩食」の時代が抱えている問題だと考えているが、これは、食べものが「豊富」にある社会のなかで、**食べもの**の価値や**食べること**の意味が見失われ、食べものをめぐる**人間の関係性**が見えなくなっている問題だということができると考えている。この問題は、食学の分野でいえば、食の生産・製造・流通・販売・調理・消費・廃棄などのいわゆる「フードチェーン」といわれる領域における食の「システム」のあり方の問題、およびそのなかでの人間の食をめぐる活動や関係性・文化や思想の問題だということができるが、そこで重要なのは、「食べモノ」への「人間のかかわり方」という問題ではないだろうか。

人類は、生存の基盤である「食べもの」を生産・獲得するために、**共同の知恵と技術**を発展させてきたが、現代社会にあっては、その共同の知恵と技術が制御できないものへと拡張しつづけることで、その結果として「食べモノ」が独立化し、人間と「食べモノ」との関係が変容し、「食べるコト」という人間の食活動の根本が揺らぎ、その意味や役割が曖昧化してきた。こうしたことから、人間にとって「食べモノ」とはなにか、「食べるコト」とはどういうことか、食についての「知恵や技術」とはなんだったのか。食を介した人間関係性のあり方とはどういうものなのか。今日、食について、こうした根源的な問いが私たちに投げかけられている。

それゆえに、この小論では、日本で近年論議されている「孤食」(5)ということに焦点をあて、「食べるコト」にかかわる問題について考えてみたいと思う。「孤食」に関するさまざまな論議を検証し、哲学の視座ではどういうことがいえるのか、追求してみたいと思う。

2.「孤食」という問題

1　孤食となにか

日本では近年「孤食」ということが問題となっているが、「孤食」とは一人で食事することを意味する。だがこれがどうして問題なのだろうか。

今日私たちの日々の食事は、家族と一緒に食卓を囲むという形態のみでなく、一人で食事する「孤食」が多くなってきた。この孤食が日本で注目されるようになったのは一九八〇年代であるが、その後、とくに子どもの家庭での孤食が社会問題化されてきた。毎年行われている国等の調査（農林水産省の「食育に関する意識調査報告書」など）によれば、二〇一六年度でも、毎日夕食を家族と一緒に食べるのは六四％、週に一回程度は四・三％、ほとんど毎日食べないが七・三％である。またＮＨＫの調査では、国民の三人のうち一人が週一日以上全食「孤食」だそうである。(6)

「孤食」にはさまざまな形態があるようなので、その内容についてまず確認したい。その後にこの問題について考えたいと思う。

人間が食事すること（食べること）には、以下の内容がある。「誰が、誰と、どこで、いつ、なにを、どのように」食べるか。孤食にあっては「誰と」がなく、「一人で」食事すること。それ以外の条件は、以下のようなことが考えられる。

主体（子ども・若もの・成人・高齢者、日本人・外国人・移住者…）、空間（家庭・学校・職場・飲食店・施設・公共空間…）、時間（朝食時・昼食・夕食・間食…）、食事内容（内食・中食・外食…）、食事形態（個食、ながら食、バイキング食…）(7)、人間関係（単身者、家族：同居・別居・夫婦・親子・三世代、親族・友人・隣人・同僚…）、経済状態（就学、就業状態：正規・非正規雇用、無職…）、環境（都市・農村…）、国内・国外・世界など。

こうしたさまざまな内容や状況がある孤食のなかで、とくに問題とされているのは子ども、若もの、高齢者の孤食のようである。子どもの孤食については、子どもの心身発達や社会性の育成にかかわる「食育」問題として、さまざまな観点から論じられているので、後で少し詳しく考えてみることにしたい。若ものの孤食は、大学内や学食での「ぼっち食べ」「一人食べ」は普通にみられるが、これは若ものたちの個人化や自由意識の現れであると同時に、疎遠なコミュニケーションの姿でもあるといわれている。そして近年にわかに注目を集めているのは高齢者の孤食であり、単身高齢者が増加していることもあって、高齢者の三人に一人が週一日以上全食孤食だとの統計が出ているようだ。しかしこれは高齢者の暮らし（七〇歳以上の女性の一人暮らしは二〇%、男性は一二%）や経済状態が大きく関係し、介護ケアやＱＯＬの問題などが関係しているので、食の観点からだけでは論じられないように思う。

だが孤食は、子ども・若もの・高齢者だけの食事の問題ではなく、現代の私たちが共有している問題である。ただこれは国や地域による違いもあり、欧米諸国や発展途上国では孤食が問題となっているとあまり聞かないようである。(8) しかし日本では、家庭での「一人食べ」は常態化しており、(9) 町の飲食店やファミレスでも最近「一人食べ」用の席が用意されているという。個人主義化や総活躍社会といわれるような時代状況のなかでは、多くの人が家族や隣人や地域の人々と一緒に食事をすることが少なくなっているので、孤食ということもこの食の現実から考える必要があるように思う。

2 「孤食」についての見解

孤食とはどういう点で問題なのだろうか。孤食についての見方は多様であるが、大きく分けると、孤食は本来の食事のあり方ではないとみる否定的な見方と、現代社会の変化に応じた食事のあり方だとみる受容的な見方とがある。

(1) 孤食は人間にとってよい食事形態ではないという否定的な見方—自然人類学、教育学、栄養学、食文化史、発達心理学などの見解

①人間の「本来の」食事は「共食」である—行動生態学、霊長類学などの観点

生物学者長谷川真理子は次のように述べている。[10] 人間の食事行動は古来、家族を中心とする共同体のなかでの「共食」を基本としてきた。ヒトの進化の歴史から見ると、人類の食事行動はもともと共同的な営みでなされてきたものであり、これは二〇万年前のホモサピエンスの狩猟採集時代から、一万年前の農耕牧畜時代にあっても、文明時代に入ってもそれは変わらなかったようである。しかし現代の技術革新によって、ヒトの食習慣が変化し、人間の「社会性」が奪われるようになって、孤食はその面で問題があるといわれるようである。

こうした考えは霊長類学の立場から山極壽一も述べている。[11] 人間は家族のなかで分配＝共食を通して社会的文化的存在になるのであり（人間が人間化humanizationするのは、進化論的には家族という共食共同体においてである）、家族のなかでの共食（および共同の子育て）が「分かち合い」という人間独自の「精神」や「共感能力」のもととなる「向社会的行動」を発達させるのだ、という。

②孤食では国や地域の食文化が継承されず、宗教的歴史的由来をもつ食習慣の危機をもたらす――日本の伝統的食文化の観点からの見解。

孤食は、食事のあいさつ、箸の正しい持ち方や食事のマナー、行事食や郷土料理や季節料理などが祖父母や親などから直接伝授されないので、食文化の伝統が継承されない。それは日本人としての自覚の欠如をもたらす面がある。この考えは、ユネスコの無形文化遺産に登録された「日本の食文化＝和食」の根拠づけにもなっているようである。そこでは共食が国の食育政策の基盤であると考えられているといえる。

③孤食は子どもの教育上、好ましくない食事形態である――教育学的観点

子どもの孤食は、家族とのコミュニケーション、規則正しい食習慣、偏食防止、栄養バランスのある食摂取、食のマナーの習得、食べモノへの感謝、社会性の形成、心身面の影響などの

点から問題がある。この見解は、現在、栄養学、教育学、学習発達心理学、家政学などの立場から、孤食の子どもへの影響についての実証的な調査・研究がなされている立場のものである。

④孤食は他者への関心がうすれ、他者への配慮や協調性の欠如を生み出す：発達心理学的観点

孤食は社会性や協調性、コミュニケーション形成力を弱めるだけでなく、孤食のもつ自己中心主義が他者への配慮や人間相互の助け合いの精神が欠如するという要素をもっている、といわれているようである。

⑤孤食は孤独で食べる「寂しさ」があり、食の「おいしさ」「楽しさ」の感覚がうすれる――栄養学的観点や心理学の実証的研究

孤食は寂しさからイライラしたり情緒不安定になったりして、心の病気を誘発しやすいなどの弊害がある。孤食はまた食事についての関心がうすれ、食事の喜びが少なくなる面がある、といわれている。孤食のこうした心的側面については、多様な観点から調査がなされ、「引きこもり」や「拒食症」の人の孤食などについても心理学的研究が進んでいるといえる。

⑵孤食を現代社会の状況や時代変化に応じて生まれてきた食事のあり方として肯定的に受けとめる見方。これは、社会学、歴史研究、科学技術（発達）論、自由論、イデオロギー論などを踏まえた見方に多く見られる。

①孤食は、産業社会が生み出した食の「市場化」や「テクノロジーの発展」によって、各人の労働形態や労働時間にあわせることができる食事形態である。孤食は、食産業が食べものの個別化を実現し、一人用の食品や調理済みの食品（中食）を提供することで諸個人に合理的な生活を保障する手段でもある。

②孤食は、食のテクノロジー化（冷凍冷蔵庫、電子レンジ、電子ジャーなどの家電用品の利用）によってうみだされたものであり、自己（個人）の食事を他者（家族を含む）に依存しなくてよいもの、家族に縛られないという利便性をもっている。それゆえ孤食は、個人が自分の都合・生活スタイルに合わせて食事ができるという長所をもっている。

・孤食は、個人の食の欲求（好きな時間に好きなものを食べるという個人の食の欲求）を充足させてくれるものであり、若ものたちは孤食を食の自由実現の手段とみなしている。

③子どもの孤食については、親の事情や経済状態が関係しており、各家庭で解決できる問題

ではない。貧困対策（子どもの貧困率は二〇一六年以後七人に一人の割合）や親への経済的援助の問題解決が優先されるべきである。孤食の子どもたちのための「子ども食堂」などは、（代替案であっても）家族を超えた人間関係を開く役割もある。子どもの孤食は親や家庭の事情だけでなく、子どもの部活動や塾通いなどの教育環境の問題からくることが多い。

④家族と一緒の食事といっても、個食、バラバラ食、ながら食、バイキング食などは孤食と質的に同じである。家庭における食の個別化はすすんでおり、孤食を特別に問題視することはできない。

⑤食事形態は個々の家庭や個人の自由選択の領域である。孤食の否定には、国による個人の食生活への介入や伝統的な食観念の維持というイデオロギーの面がある。[12]

3. 孤食について哲学する

私は、哲学とは時代のなかでの思考の学と考えるので、本来の食事のあり方とはなにか？人間の食事のあり方とは？というように、食（事）の問題を普遍化して本質論のなかで考えるが、食の市場化と科学技術の発達した時代のなかでの食の問題については、哲学的に考察したいと考えている。孤食についても同様である。

みてきたように、孤食については二つの違う見解がある。それらはそれぞれ説得力をもっているが、ここではその二つの対立する見解を論評するのではなく、それらが共通にもっていると思われる哲学的問題から、孤食について考えたいと思う。

(1) 食の「個別化・個人化」

孤食は食の世界の個人主義化ということと関係している。食の個人主義化には二つの要素があり、ひとつは「**食べモノ**」の問題、他は「**食べる人間**」の問題であるが、両者は密接につながっているといえる。

◆食べモノの個別化と個人化の接合

今日、私たちの日々の食べものは、食産業と技術化の発達によって、調理しなければならない（内食の）食材よりは、調理のいらない中食や外食の食品が多くなっている。これらの食品は、かつてのように調理者（調理する人間）による価値づけ（使用価値）よりは、食産業界のなかでの「食品」としての価値づけ（交換価値）が優位している。いわゆるグローバル資本主義社会のなかで、食産業・国際経済・流通・テクノロジー・メディアの発達によって差配される商品としての食品である。

今日、生産者も消費者ももはや食品の主体ではなく、食べる人間から独立した食品たちが食の世界の主体である。私たちが食する食べものは、こうした食の世界の「物象化」のなかでの単品としての「食べモノ」にすぎない。それゆえ孤食している子どものインスタントラーメンは、親と一緒の食卓で会話なしにスマホゲームに熱中しながら個食している子どもの手作りのラーメンと質的な違いはないようである。孤食という食卓の変化は現代の食べモノの個別化がもたらした現象ではないだろうか。

もちろん食べものの、個別化される（食べ）モノへの転化・変化は、人間社会の変化と一体である。食べモノの個別化は一九世紀以降の個人主義化がもたらしたとの見解もあるようだが、両者の関係は「卵が先かニワトリが先か」のレベルの違いのように思う。両者の関係を結びつけるのは食産業社会の進行と食のテクノロジー化であるからだ。一方で食の企業・産業化はメディアを通して個人の食願望をそそり、他方で家庭のうちにまで進出してきたテクノロジーが徹底的な利便性を個人に保証するので、食の個人的要求が実現可能になっている。そうして食の世界における個人主義化は食べモノへの変化とともに進行してきたといえるようである。つまり食べモノの個別化と食の個人化との併走が、グローバリズムの波に乗って、毎朝、仕事前に食べるマクドナルドのハンバーガーを支えているようなのだ。

(2)「共食」と「共生」

人と一緒に食べる食事は「共食」といわれ、共食を介した家族や人間間の繋がりが人間の共同体の基盤だといわれてきた（家族は共食共同体ともいわれている）。それゆえ孤食は、家族やコミュニティの共同性を支えてきたその「共食」の崩壊現象として、食で結びついてきた「人間」同士の繋がりを危機的にすると指摘されている。そしてそこから今日、国や地域や学校が共食の役割の見直しや再興を掲げ、「食育基本法」「食生活指針」「食育白書」などの国民の「食育運動」のなかで「共食のすすめ」が提唱されたりしている。こうしたことは、〈孤食－共食〉問題が人間の繋がりや共同性の問題、「共生」の問題でもあることを示唆してくれるだろう。

もちろん食をめぐる「共生」問題には、人間と自然との共生[13]、人間相互の共生の問題などがあるが[14]、孤食の問題については「人間間の共生」問題がとくに主題となっている。というのも孤食には次のような問題が絡んでいるからである。

孤食についての否定的見解の多くは、孤食が食を中心とする人間共同体を危機的にするのではないかと危惧していることにある。そうした危惧は、「共食」が人類の本来的な食事形態であるとか、孤食は人間の社会性形成や人間間のコミュニケーションを阻害するとか、述べることで表している。しかし孤食および共食と「共生」との関係は必ずしも一元的なものではない。

一九世紀後半に、食について哲学的考究を試みようとしたドイツの哲学者、フォイエルバッハ（Ludwig Feuerbach）[15]は共食の両面的な役割を明らかにしている。彼の共食論についてはこの本の他の章で詳しく述べているので、ここでは共食問題との関係で述べることにする。[16]

彼は「食」をはじめて哲学の主題にしようとした哲学者といえるが、晩年、「身体的存在」としての人間が「食べる存在」であると主張し、「人間とは食べるところのものである」との名言を語っている。彼の「食する人間」という考え方には独自の「共食論」が含まれており、その問題点も語られている。

彼によれば、共食は起源的には（直会《なおらい》といわれる）宗教儀礼に由来するもので、人間集団が共同飲食することで、集団の一体化をはかり、その絆・連帯・共同性を強固にするものである。しかし彼によれば、宗教で聖化される「食べもの」（キリスト教の「パンとワイン」やヒンズー教の「牛」、日本神道の「米」など）や「食事法」（食事のあいさつや祈りや序列など）の指示は、神と人間集団とが「供儀」などを通して一体化をはかるものである。そうであるゆえに逆に、その宗教で忌避される食べもののタブー（ユダヤ教やイスラム教の「豚肉」など）や料理法の指示（ユダヤ教のコーシャ）などを順守しない者や共食儀礼に参与しない者を、集団から排除・差別するという仕組みもある。つまり宗教などの集団（民族や国家も入るだろう）には、独自の「共食儀式、食制度」をとおして集団の一体化をはかったり、逆に排除したりするというる仕組みがある。そういう集団体制を支えるものとしての「共食という食のあり方」があると、彼は言っているのである。つまり「食」とは人間にとって単なる生命維持装置ではなく、集団形成の基盤そのものなのである。フォイエルバッハによれば、「共食」は社会集団維持の基盤であり、またイデオロギー機能ももつものなのだと言われているのである。

孤食は単なる共食の対抗概念ではなく、個人主義時代時代における食のあり方を通した人間関係のあり方、つまり私たちの「共生」のゆくえを示唆するものと考える必要があるように思う。

(3)　食の「感性」について

孤食には言うまでもないが、個人の食欲、個人の好み、個人独自の味覚、とくに「美味しさ」を味わえる良さがあるとの考えがある。しかし人間の食欲や美味の感覚には共通性もがあることもたしかで、このことは満腹感の快楽や、いわゆる五味（甘味・塩味・酸味・苦味・うま味）の感受の共通性で明らかになっている。そしてこの味覚の感覚の共通性から美味のテクノロジー化が現代社会には発達してきたといえるように思う（甘味やうま味の人工的製造など）。もちろん人間の感覚・感性も本能的なものではなく、時代や文化によって変化するようで、伏木亨などによれば[17]、人間の感覚は脳に依存しているので、共食による会話や情報メディア（間接的共食）を通して現代人に共通した「美味しさ」がつくられているといわれている。

しかし食の味覚やおいしさは、個々人の身体が違うように、個人的なものではないだろうか。こうした個人特有の感性や快楽は、共食で形成される人間の味覚の共通性をもって軽視できるかというと、必ずしもそうではないように思う。この共食と孤食における味覚の問題について、かのガストロノミーの批評家サヴァランは『味覚の生理学』で、次のような興味深いことをいっている(18)。

彼によれば、食事には悦びの感覚、すなわち快楽がなければならない。誰も食事に苦痛を求めるのではなく、快楽を求める。その食事の快楽には、「食の快楽」と「食卓の快楽」があり、前者は個人のものであるが、後者は会食でえられるものだといわれている（彼は、人間が一緒に食事することを共食ではなく、「会食」という）。食事の悦び・楽しさは食べもの（味のおいしさ）だけではなく、共食者や会話およびその食環境（食器・テーブル・雰囲気・場所など）と密接につながっている。食事においては単に人と一緒にいることが重要なのではなく、一緒に食事を「おいしく楽しむ」ということが大事である。食事は社会性や協調性を育成するためにあるのではなく、一緒に楽しく食べものを味わう悦びがあるということが重要である、と。

サヴァランによれば、食の悦び・快楽を味わうという点では、個人の食の快楽と会食の快楽は相反するものではない。むしろ両者が一致するときに「食卓の快楽」は成立するのだと語っている。そして個人の食の快楽を満たす食卓の快楽こそは、彼のめざす「ガストロノミー（美食学）」だと述べている。

こうした彼の考えは、孤食と共食の対立論を超えて食事のあり方を考えることができると、筆者は思う。

(4) 食と「心」の問題について

孤食には孤独の寂しさがあるといわれている。逆に孤食は共食のわずらわしさがないという意見もある。この相反する二つの考えは、一人の食事は精神面にどのような影響があるか、という食事の「心」の問題にかかわっているように思う。これについては、今日「食心理学」という新しい領域もうまれていますが、哲学的には食事をめぐる心身問題だといえるだろう。

食事と心身との関係については、従来、身体を基本に考えられてきました。というのも食事の心・精神への影響（満腹感など）は直接的であっても持続的なものではなく、むしろ食事が最終的に影響を及ぼすのは身体の方だと考えられているからである（健康や病気）。そして身体が食事の最終的な結果を蒙るところから、個人の身体の状態（健康や病気）と食事との関係について、医学や栄養学などの学問や治療法が発展してきたともいえる。もちろんそこには身体の状態がいかに精神状態に影響するかの考察も含まれているが。

こうした考え方は哲学的にはいわゆる心身二元論の考え方の問題であり、個人の身体と精神を分ける考え方がこれまで哲学では大きかったように思う。しかし一九世紀後半以降、哲学思想分野では近代の心身二元論が批判され、個人の心と身体との関係を一体にとらえるようになった。食の学においても近年では「拒食症」などの研究から心身二元論的見解の限界が語られているようであるが、孤食における心の問題が重視されるのも、そうした学問的背景があることも確認する必要があるように思っている。しかし孤食をめぐる心の問題には、食事への個人の意志・意欲の自由問題および食事における自他認識の問題があるように思う。

というのも食事における個人の意志・意欲には、「食べようとする意志・意欲」および「食べ続ける意志・意欲」が含まれている。個人が制御できるのはこれらの意志だけであって、意志の発動後起こる個人の身体における食活動は制御できない（意志の領域を超える身体の自律的活動）。食事における心の問題は、結局は食事者（主体）の食への意志・意欲の問題と切り離せないのではないか。そして孤食や共食という食事形態がこの意志にどのような影響があるのか、食事形態と個人の食への意志との関係の問題があるように思う。これは主体や条件によって違いがあるが、子どもや高齢者の場合はやはり親や他者の存在などが大きな影響を与える（食欲が少ない）ようにも思う。しかしまた拒食症の若ものなどは文化や性差や世代の側面が大きいといわれ、共食の方に問題が多いように思う。

こうした孤食や共食における心の問題は、他方で「自他認識」の問題でもある。孤食の寂しさも自由さも、食事（ひとり食べ）における自己についての反省的意識であるが（寂しさとか気楽とかはそうした自己意識・主観の問題）、問題はこの自己意識が自他認識に関係していることを認識する必要がある、と筆者は思っている。孤食の自己には自己と食べモノとの二項関係しか存在しないように思うが、食べモノには生産者・加工業者・流通業者・販売者などの第三者や、調理者・配膳者などの家族など、多くの見えない「他者」が介在している。しかし孤食の食卓には孤食者と食べモノとがいるだけで、他者は一人も眼前にいないように思う。孤食の世界は他者なき、モノと自己との一人称の世界だけを求めるものなのではないだろうか。

孤食の世界において自己以外の人間が食べモノを通してみえてくるためには、何らかの媒体（親からのメッセージなど）が必要ではないだろうか。こうした孤食のあり様は限りなく発達しつづけるメディア空間の中の食風景のように感じられる。孤食の世界が一人称的自己意識の世界であるのに対して、共食の世界は、たとえそれが個食の食卓であっても、一人以上の他者が存在している点で、自他認識がそこに臨在しているといえるように思う。

食事における心の領域のなかの自他認識は、多くの人の「記憶に残る食事」が共食であることが象徴しているように筆者は思っている。

おわりに

食事の世界には「食べる」という一人称の世界と、他者と「ともに食べる」や他者によって「食べさせてもらう」という二・三人称の世界がある。この二つの世界はしかし反立するものではなく共存しあえるものである。このことを基本において、私たちの食事のあり方を考えていきたいと思う。

最後に残された問題として、他者によって「食べさせてもらう」という食事をめぐる「ケア関係」の問題がある。食事における「ケア」の問題については、改めて考えたいが、この「ケア」のなかには、自他の「ケア関係」の世界だけでなく、自己が「おいしく食べること」という「自己ケア」の世界があることも注視することが重要だろう。

ケアの哲学者メイヤロフは、ケアのなかでもっとも大事なのは「自己ケア」であるという。「食べるコト」はなによりも「自己ケア」であるように思う。

参1：近年の食の学問

①栄養・食物・食品・料理など、食自体を対象にする学問

食物学、食品学、栄養学、調理学、料理学、食文化論・・・・
②食に係わる人間の生理や脳・心理・行動などを対象とする学問
医学、生理学、衛生学、生化学、心理学、臨床栄養学・・・・
③食に係わる自然・政治・経済・社会・教育・政策などを対象とする学問
農学、食経済学、社会学、政治学、マーケティング学、マネジメント学、国際関係学、食環境学、産業（技術）工学・・・
④食の文化・歴史・生活などに関する学問
（文化）人類学、民俗学、歴史学、家政学、教育学、観光学、文化学・・・
⑤哲学、倫理、宗教、思想、文学、芸術・・・・・
⑥「感性（工）学」、「美味学」、「食環境学」、「食情報学」・・・・

参2：参考図書：近年の日本の「食の哲学」書

・松永澄夫2003『食を料理する―哲学的考察―』東信堂
・広瀬純2005『美味しい料理の哲学』河出書房新社
・村瀬学2010『「食べる」思想―人が食うもの・神が喰うもの―』洋泉社
・レオン・R・カス2002『飢えたる魂―〈食の哲学〉』工藤政司・小澤喬訳、法政大学出版局
・ミシェル・オンフレイ1998『哲学者の食卓―栄養学的理性批判―』牟田礼雅訳、新評論
・マイケル・ポーラン2009『雑食動物のジレンマ』上・下、ラッセル秀子訳、東洋経済新報社
・David M. Kapran (ed.) 2012 "The Philosophy of Food", California
・檜垣立哉2018『食べることの哲学』世界思想社、
・藤原辰史2020『縁食論―孤食と共食のあいだ』ミシマ社

・増成隆士1999「食べることの認識論と存在論」、「食の思想」:石毛直道監修『講座　食の文化』第6巻、味の素食の文化センター
・山本博史2002「食と哲学」矢谷慈國・山本博史編『食の人間学』ナカニシヤ出版

第7章 〈食〉とイデオロギー

はじめに

いま、なぜ「〈食〉とイデオロギー」という問いが必要なのだろうか。最初にこの章のテーマについての問いから始めたいと思う。

1. いま、なぜ「〈食〉とイデオロギー」なのか?

食[1]はいのちを支える基盤であり、また人間生活の基盤であるが、いま危機的状況にあるといえる。まず農薬汚染、食品有害添加物、放射能汚染などの食の安全性を脅かす問題、遺伝子組み換え技術問題、さらにBSE、O‐157、口蹄疫など、容易に解決しがたいさまざまな問題がある。これらの問題は、人間への自然からの賜物であった食糧・食料や土地や水などの環境資源を、脱自然的で人工的な科学技術によって統治してきた二〇世紀以降の社会経済構造がもたらしたことである。この人間の自然支配力は、いまや食の世界にとどまらず、環境全体の破壊を含めた地球の危機すらもたらしつつある。

食の世界を直撃しているこうした危機は、他方で、世界経済のグローバル化の進行による別の危機も引き起こしている。西欧出自の多国籍大企業によるグローバリズムは、食と農・生産者と消費者の分離、先進国と途上国の格差、そして「肥満と飢餓」に象徴される人間間の二極化現象を途上国ばかりでなく先進国にももたらした。日本においても、食料生産物のほぼ2割に相当するほどの膨大な食料廃棄物や食品ロスがでているにもかかわらず、貧困によって食べられない人々が増大している。豊食の日本は相対的貧困率が四位の高さにあり、六人に一人の割合の子どもが栄養失調状態に陥っているという。また低所得の非正規労働者の二〇・九％が生活苦をしのぐために食事回数を減らしている現状がある。食の危機問題が人間社会の問題でもあることをまさに示しているのである。

このような食の世界を別の視座からいえば、二〇世紀以降の高度産業社会の発達によって、家族や地域共同体のあり方が変容し、そこで営まれてきた食の形態である「共食」が失われ、自己中心主義的な過剰な欲望の世界が生まれている。いまや、これまでの食についての価値観が崩壊し、食の目的や意味付けも多様化して、食の基本原理がみえなくなってきているのである(「生きるために食べる」のではなく、「食べるために生きる」というような、商売のための食、快楽やダイエットのための食、趣味の食などの多様化が起きている)。それにもかかわらず、こうした食の世界の危機からの出口は、まだ見出されていないようである。なにしろこの危機は食の世界だけの問題ではなく、社会経済構造全体の問題と一体だからである。それゆえに、このような現代の食の状況について、ポール・ロバーツは「食の終焉」であると述べ、私も「豊食・飽食・崩食」の時代の危機だと考えている。いずれにせよ、それへの解決の方途はなかなか見えてこないようである。

さてこうした食の危機からの出口を見いだせない時代の閉塞状況は、各国にナショナリズム、反近代主義、伝統復古主義、民族主義や宗教的原理主義などの「イデオロギー」を生みだしてきているようである。そこでは格差是認主義(自己責任論)やヘイトなどの差別思想や排外主義もみられる。なかでもナショナリズムについては、近年、世界的な台頭がみられる。ギリシアの金融危機、ウクライナ情勢の緊迫、シカゴやパリやロンドンでのあいつぐ爆弾テロ、シリア内戦を契機にしてイスラム過激主義の台頭と膨大な難民流出、さらにGDP世界第二位となった中国による東アジア近海の緊迫化、北朝鮮の独裁国家の横暴など、まさに世界政治情勢の不安定化のなかで、新たなナショナリズムの動きが活発化しつつあるといえる。日本においてもナショナリズムの台頭がみられる。

この近年の世界的な政治状況の危機からくるナショナリズムの台頭は、食の世界も無関係ではない。それどころか食の領域において、この動向に積極的に参与しようとする動きもでてきている。ここから「食」と「イデオロギー」の関係を問いなおす試みが、時代の思想的課題として要請されているように思う。

以下、どのような「食とイデオロギー」、とくに「食」に関するイデオロギーの問題があるか、日本の例を引いて考えたいが、そのまえに「イデオロギー」とは何なのか、〈食〉に関するイデオロギーとは何か。その意味を確認しておきたい。

2．食に関する「イデオロギー」とは何か

「イデオロギー」とは何であろうか。イデオロギーについては、イーグルトン、マルクス（主義）、ハーバーマスなどによってさまざまな規定がなされてきたが、ほぼ次のような語義をもつと考えられる。

イデオロギーとは「特定の社会集団もしくは社会階級に固有の観念の総体」「支配的政治秩序を正当化するのに貢献する（虚偽の）観念」「社会的利害に動機づけられた思考形式」「個人が個人と社会構造との関係を生きる時に必要な媒体」などである。

このイデオロギーの役割・機能には、「特定の観念による価値づけの一元化・優越性・強制・排他性（反対するものへの排斥）」「特定の観念による人間への支配・抑圧・統制・規制」「特定の観念の神話化・タブー視」「共同体（宗教文化や国家・民族・地域）の枠組みの強制・方向付け・情報操作」「体制を支える価値体系の実現手段」などが考えられる。

では食に関するイデオロギーとはどのようなものだろうか。それには、二種のイデオロギーがあるようである。①「**食とイデオロギー**」と②「**食のイデオロギー**」である。この二つは厳密に分けられるものではないが、食にかかわるイデオロギーのうち、①は外延的なもの、②は内包的なものといえよう。①のイデオロギーは食に限定されるものではないが、上部イデオロギーとして食のあり方とかかわる。それに対して②のイデオロギーは以下のような食の世界に関する内容を直接規制するものである。これは多くの場合①の下部のイデオロギーとして機能する。それゆえ分けて考えたい。

なお食に関するイデオロギーは、以下のような食領域への規制的言説や観念であるといえよう。食べもの（食糧・食料・食物・食品・生産・消費・環境）、食べること（食事・調理・料理：炊事・煮炊き・

食べ方・食事法)、食の道具・空間・技術・仕事・産業など。また食にかかわる人間たちの考え・スキル・技術。共食形態：共同体：家庭・地域・民族・国家・国際関係や社会経済・行政文化などの考え方・倫理・ルール・法・宗教・習俗・文化・アイデンティティなどである。

(1)「食とイデオロギー」とは?

このイデオロギーは、食の世界についての直接的な観念形態ではなく、食の世界を超えているが食の世界にかかわる観念形態である。この観念形態は食の世界に支配的な影響を与えたり、食の世界に一定の役割を課したりする。こうした観念形態は、共同体・社会体制・経済体制・宗教文化などの大きな集団の特定の観念形態が多い。例をあげればまさに近年のナショナリズム、民族主義(自民族中心主義)、利己主義、幸福主義、快楽主義などであるが、今日ではグローバリズム、多文化主義なども入るだろうし、また食のあり方を教義上規制するユダヤ教やイスラム教などの宗教文化の観念や政治制度も入るといえるかもしれない。さらにこれらのなかには、食のありかた自体を強圧的に支配する観念、たとえばナチズム、軍国主義などがある。また「自然主義」、「性別役割分業観」、「動物愛護主義」など、間接的に食の世界とかかわる観念もあるだろう。

(2) 「食のイデオロギー」とは?

食のイデオロギーとは、食についての特定の観念形態であり、これは特定の集団や時代のなかで(生産から消費に至る)食に関して主導的に規制するものである。例をあげれば、栄養中心主義、ベジタリアニズム、コメ中心主義、カロリー主義、ローフーディズム、節制主義などがある。しかし注視しておきたいのは、こうした観念が即イデオロギーであるのではなく、その観念が共同体や時代や社会のなかで優位化され、支配的・排除的になるときにイデオロギーとなる。

このイデオロギーはまた、人間の食活動における役割や行動形態について規制する言説もある。たとえば「男子厨房に入らず」「女性は酒を飲んではいけない」などのかつての食のジェンダー規範も、今日的には食のイデオロギーだといえるだろう。

特定の食の観念・イデオロギーが集団内で強化され優位化されると、それに反するものや逸脱するものは抑圧・排斥される。たとえば、かつての日本における「米イデオロギー」は、ジャポニカ米のみを神聖視し、麦・トウモロコシ・雑穀などを二次的な食べものとした。そしてジャポニカ米を食べる日本人を優位化する一方で、それを食べない異民族を差別し蔑視した。こうした聖化や蔑視が、「食のイデオロギー」の特色といえる。

留意しておきたいのは、この食のイデオロギー(2)は特定の集団や人々に担われるが、多くの場合(1)のイデオロギーの下部的イデオロギーという機能をはたす。問題なのは、そうした(2)のイデオロギーが⑴のイデオロギーと強力に結合して、食の多様性を抑圧したり、個々人が本来持っている食の感性や食の自由も失われることである。食に関する「イデオロギー」について考えていく必要があるのは、この⑴と⑵の二つのイデオロギーが合体して、食の「自由」が奪われる場合である。かつてナチズムや戦時日本においては、そうした重層的なイデオロギー体制ができあがり、食の世界全体が公私にわたって統制されていった。

さて現代の食の状況はどうであるかというと、先述したように、現代社会では食の世界的危機を脱する展望が開かれないという閉塞的状況に陥っているが（その主因は高度資本主義のグローバリズムにある）、そうした閉塞状況のなかでは、⑴と⑵とが合体して強力なイデオロギー体制が登場してくる可能性がある。いやすでにそうした動向がすでに日本でも現れているようである。昨今の「和食」に関する言説にはそうした現象がみられるように思う。

これは、ユネスコの無形文化遺産登録を契機に、「和食」という特定の食の内容やあり方を日本の「食文化」の本来的観念として実体化し優位化して、日本的ナショナリズムを回復しようという動きである。この「和食イデオロギー」は、⑴と⑵が合体した強力なイデオロギー機能をもっているように思う。

3. 現代日本の「食」の「イデオロギー」

現代の食の世界の危機的状況は、日本では社会的関心事となっているだろうか。残念ながら二〇一一年の福島原発事故による放射能汚染を通して、食べものの安全な確保は将来的に展望できないことを十分に認識させられたにもかかわらず、いまもなお食は「ブーム」である。テレビやマスコミ、雑誌などの食材や料理関連記事や番組のオンパレード、大企業による新食品の開発宣伝、美食（店）・ランキング、主婦たちやタレントのレシピ紹介など、原発事故以前と変わらず、いやそれ以上に食情報が氾濫しているようである。他方で国の食政策はどうであるかというと、食の安全性管理よりは経済発展や経済効果が主流となっている。ユネスコ無形文化遺産登録をバックに、和食の海外普及と観光客誘致、ミラノ万博での広報、TPP合意による食料輸出増加の期待、機能性表示食品の承認など、食産業拡大策ばかりで、あたかも政府が食ブームのプロモーターであるかのようである。

それにしても、こうした日本の食ブームを支えているものはなんなのだろうか。それは、高度資本主義社会の「経済至上主義」および現代人の過剰な「消費欲求」の背後にある「食快楽主義」だけではないようである。私が気になるのは、近年の「和食ブーム」である。日本の食文化は「和食文化」であり、この和食文化を世界に誇るべきものとして普及しようとの風潮である。ここには食文化を通した「日本主義」の観念、「日本の伝統文化の取り戻し」「日本的な絆の復権」というようなナショナリズムの言説が協調されている。日本の伝統文化としての和食を日本の再建・取り戻し運動として提唱しようという。言いかえればここには食を通じたナショナリズムの復権思想があるように思う。

この「和食は世界が認める日本人の伝統的な食文化である」という言説が流布するようになったのは、いうまでもなく二〇一三（平成二五）年一二月のユネスコの無形文化遺産登録によってである。しかしこれは、拙著で述べているように、日本政府の指導や料理家たちの商戦、学者の協力などによってすすめられたものである。申請の背後には、福島原発事故の放射能汚染によって低下した日本の経済国家のダメージを、和食という伝統文化のイメージでもって再建・復興しようという「意図」があった。しかしそうした意図を伏せて、日本の伝統文化の取り戻しの一環としての「和食」を日本全国のみならず、世界へと発信してきた。多くは政府の地域振興策・観光戦略、企業のキャンペーンなどが中心となっているが、それだけではない。和食は食育教育や地域振興策としても推奨され、学校給食や介護食はパン・牛乳ではなく米・味噌汁に変更せよ、との指示が行政指導として提唱されているようである。

ところでユネスコの二〇一三年の食文化に関する無形文化遺産登録は、和食文化だけでなく、韓国の「キムジャン文化」も同時に認められたことはあまり報じられない。日本の和食文化だけが承認されたかのような情報の偏りがあるが、そうではない。しかし和食登録申請の代表者熊倉功夫は、韓国の申請に関して、最初の申請「宮廷料理」を引きあいに出して、それは特定階層向けの高級食だったので、「無形文化遺産の保護に関する条約」にそぐわなかったから拒否されたようだと述べ、和食文化の民衆性という優位を語っている。しかしその条約には、世界無形文化遺産は、世界人権宣言、経済的社会的及び文化的権利及び市民的及び政治的権利を尊重しつつ、協力及び相互の援助の精神をもって、文化の多様性を推進し持続可能な開発を保証するものとして、決して一国の食文化の優位のためではなく食文化の多様性の尊重のためにある、と述べられている。登録されたキムジャン文化も「隣人と分かち合いの精神を実践し、共同体の連帯感を高め、共同体同士のコミュニケーションを促進させること」にあると説明されている。(3)

確認しておきたいが、和食を含めて、国・地域を問わず、伝統的な食文化の保護は意義のあることである。問題は、多様な食のあり方をもつ日本の食文化のなかで、(一汁三菜に示される)和食のあり方を日本の伝統的食文化として構成しなおして優位化し、その普及を国民運動にしようという思想である。そのとき和食文化は食のイデオロギーと化す。食文化は多様性と自由を基本として、他の食文化との交流をとおして発展していくことが肝要であるにもかかわらず、和食のあり様を日本の本来の食文化として優位化しようということが問題なのである。

熊倉功夫は、ユネスコ登録申請においては、韓国の申請のように世界的に有名になって海外進出しようとか、輸出を増やすといった商業主義的な目的もダメであるといっているにもかかわらず、和食登録後の日本の食の世界の「現実」はまさにそれであり、和食が政府指導の商業主義の中心になっている。(4) また彼は、和食は日本食の具体的な内容やメニューではないとしつつも、その食事内容を細かく指示し、その様式を日々の生活習慣、料理法、主食と副食の独特の食べ方などを、一般家庭の食卓、学校給食、地域の催事、年中行事などのコミュニケーションの場を通じて広げるように指示している。

そのうえで彼はさらに、和食推奨の本意は和食料理の推奨ではなく、和食という食文化を通して日本人の「絆」を深める運動、「オールジャパンの運動」にあるという。「和食」とは「日本の伝統文化という特殊性」をもつだけでなく、「日本人の精神」であるのだと強調している。(5) つまり和食推奨の本意とは、日本主義的ナショナリズムの復権にあるようである。ここには和食文化を通して、「日本人」を優位化しようというナショナル・イデオロギーが潜んでいるように思う。

だが1でみたように、今日、日本のみならず世界的な食の危機的状況のなかで、はたして和食文化の提唱が日本の食政策として第一に取り組むべき社会的課題だろうか。和食文化において「自然の尊重」が重要であるならば、日本を含め地球規模で進行している自然・環境の破壊に対する取り組みの方が優先されるべきではなかろうか。また和食料理の食材の安全性はどうかというと、食品添加物などへの日本の規制は、規制の厳しいEUはもちろん、アメリカ国内より緩やかである。そうしたことを放置したままで和食を日本人の伝統文化として推進しようというのならば、それは経済政策を推し進めるための方便にすぎないか、「和食イデオロギー」の提唱となるだろう。福島原発事故以後、多くの人々が食の安全・安心に不安をもつようになり（最近も廃棄食品横流し事件が起きている）、また貧困のために満足に食べられない人々や、低賃金労働のために食事の回数を減らさざるをえない人々が増えているなかで、和食文化という観念を軸とするような国民運動を推奨することがいま重要なのだろうか。

このことを別の視点から考えてみると、次のような問題もあることがわかる。近代以降の産業社会の発展は、人々の労働形態の変化を通じて家族形態を変容し、都市化による地方の過疎化とともに町や村の地域共同体を崩壊させてきた。いまではかつて家庭や地域で営まれていた「共食」の形態が形骸化するだけでなく、人と人とのつながりも失われつつある。そこからかつての共同体における「絆」を回復しようとのナショナリズムの動きがあらわれるようになった。和食文化再興に込められた日本人の精神とは、この伝統的な日本の家族や地域の共同体で営まれた共食の観念である。それは、（もはや実在しない）美しき自然に囲まれた和やかな家庭や地域共同体での共食共同体の復権というナショナリズム・イデオロギーの提唱ではなかろうか。

しかしこうしたナショナリズムの観念が、現実にはいかに個々人の自由を脅かし、人々の食生活を抑圧してきたか、わたしたちは歴史を通して認識してきたはずではなかったろうか。だが現実は反対であり、ナショナリズムの動きが、日本に限らず世界中で起きている。(6)

食とナショナリズムとの関係の問題については、近年多様な角度から研究されているが、とくにナチズム研究において詳細な考察がなされている。ナチズムは食に関する多くのイデオロギーに支えられていたゆえにである。たとえば、ヒトラーの**ベジタリアニズム**は反ユダヤ主義、動物愛護、自然保護の観念とも結びついていたし、また「無駄をなくす運動」や共同食堂による「共食」のイデオロギーがナチズム体制を支えたことも明らかにされている。(7)

こうしたナチズムの「食」についての研究のなかで注目されるのは、藤原辰史の研究である。(8) 彼は『カブラの冬』『ナチスのキッチン』などを始めとした多くの著作のなかで、ナチズムの思想がどのように食政策や食空間（キッチン・共同食堂など）を通して遂行されたのか、詳細な研究をしている。その彼の研究のなかで私がとくに注目しているのは、食改革を実践したフェミニストたちとナチスとのかかわりについての考究である。ナチズムとフェミニズムとは一般に対極の関係にあると考えられているが、ナチス黎明期では必ずしもそうではなかったことを、彼は歴史的資料に基づいて立証している。ナチズムの「食のイデオロギー」とフェミニズムとの関係については、次章で少し考えてみたい。

なおナショナリズムを超えて世界融和の思想をいかに構築していくかが、二つの世界大戦を経た二〇世紀後半以降の思想的課題であったが、それにしても「イデオロギーからの解放」を掲げる「現代」は、食の世界においてどういうことを考えなければならないか。「食」の領域における近代の精神、民主化の意味についてあらためて考える必要があるだろう。そこでは食の近代化を支えてきた食の産業化やテクノロジー化への問いなおしがなによりも重要であろう。この問いなおしは食の世界における「自然・環境・社会」への人間の内的外的関係性および共食・共生の意味、食に関する自由と平等という理念への問いなおしを含まざるをえない。そのためには食の思想史研究や歴史的時代的考証、および「哲学的思考」が必要であると私は考えている。

なお私は長くフォイエルバッハ哲学を研究対象としてきたが、彼の哲学は宗教の「イデオロギー性」を批判的に解明する視点から、晩年「食とイデオロギー」問題についても批判的に考究していることを追記しておきたい。

4.「食のイデオロギー」と「ジェンダー」

(1)性別役割分業観と食のイデオロギー

近代以降、生活を維持するための家事（食事・掃除・家政・育児など）は女性の領分である、といわれてきた。これは、欧米を中心とする近代化の進行のなかで、女性の場を公的領域ではなく私的領域・家庭に設定し、女性を家事担当とすることを正当化する観念、すなわち性別役割分業の観念からきている。

「男は仕事・女は家庭」に代表される性別役割分業の観念（(1)のイデオロギー）は、近代産業社会の発展とともに確立されてきたが、これは公的領域を男性に、私的領域を女性に配分するという単なる二分業制の観念ではない[9]。それは女性を二重の差別構造のもとに配置することを意味していた。賃金・貨幣によって成り立つ近代産業社会のなかで生活を営むためには、有償労働に従事することが必要である。しかし産業社会のなかで有償労働は男性に配分され、女性は無償の家事労働担当とされた結果、女性は生活を維持するために有償労働を担う男性に依存せざるをえない。もちろんそれに対して家族単位の社会制度的補填措置が取られてきたが、基本的に女性は公的領域の主体ではなく、また私的領域でも主体たりえない（家事の実務上の主体は女性とされている）という二重の従属的位置づけが今日まで続いてきたといえる。こうした近代社会における女性への二重の「差別」構造について、第二波フェミニズムは、性差別のダブルスタンダード構造として指弾し、それを超克するために、公・私領域での両性の平等化を主張してきた（第二波フェミニズムは多様であるので、ここでは共通する基本的見解のみ述べる）。

したがって男女平等化への道程は、二重の性差別構造を克服すること、つまり女性が公的領域・社会的労働に参加しそこでの平等を獲得するとともに、男性が家事労働をも平等に負担することにある。しかし現実はいまなお男女の公私領域の不平等が続いている。その原因には様々あるが、性別役割分業観の是認が依然として根強いことも影響しているようである（なお世界ではジェンダー改革が少しずつ進んでいるが、日本ではこうした状況は変化していないといえる）。

その後、世界的な女性差別撤廃運動の広がりとグローバル資本主義の発展からくる産業構造の変化から、女性の社会的労働が要請され、近年では公的領域への女性の参加・活動が増えている。しかし家事の平等性はいまなお「遅れている」といってよい。とくに日本では男性の家事参加はあまりなされていない。二〇一二年の経済協力開発機構（ＯＥＣＤ）による家事時間の調査では、日本は二五の調査加盟国中二四位で、男性62分／女性299分（加盟国平均は男性141分／女性273分）である。(10) なお女性の家事時間の半分は買い物・炊事・料理などの食事にかかわること（「食事管理」ともいわれる）である。こうしたことを背景にいまでも日本では次のような言説がみられるが、これらは食にかんする**「ジェンダー・イデオロギー」**といえるであろう。

食についてのこれまでのジェンダー・イデオロギー

①「家族の食事つくりは母・女の仕事」「手作り料理は妻の愛情証明」「私つくる人・僕食べる人」「男子厨房に入らず」「料理の上手は主婦の鏡」「おふくろの味」「料理人は男性、家庭料理は女性担当」「シェフ・料理長・寿司職人は男性のみ」「男性は上座・女性は下座」「飯盛り女・料理女・コンパニオン女子」・・・

②「女性は公けの場では酒を飲まない」「女性は大食してはいけない」「甘食は女性・肉は男性」「酒場は男性空間」「肉食女子・草食男子」・・・

料理つくりについてのジェンダー・イデオロギー

「料理が上手な女性は結婚できる」「結婚できない女は料理しない」「ママの家庭料理」「聡明な女は料理ができる」「モテ系女性は料理が上手」「料理こそは女子力」「頭のいい子をつくるママの手料理」「中食なしの幼稚園ママの手弁当」「和食料理で日本女性のおもてなし」・・・

これらの言説の大半は、近代日本のジェンダー観や「良妻賢母思想」を支えた性別役割分業観を継承するものであるが、なかにはもはや現実にそぐわないものもある。しかし近代家族の変容（非婚・離婚・単身者〔「おひとりさま」などの家族〕）によって家庭の食の世界も変わりつつあるのに、これらのイデオロギーがまだ通用しているのは、なぜだろうか。

(2) 食卓の合理化とジェンダー・イデオロギー

戦後日本の家庭・家事の世界は、家族の変化とともに大きく変貌してきたが、この変貌には、二〇世紀以降の家事の産業化とテクノロジーの発達に負うところが大きい。家事の産業化とは製品化・商品化・外部化を意味する。食料はいうまでもなく、洗濯や洗浄、清潔・衛生、衣料・被服などの生活にかかわるすべてのものが産業によって製品化され商品となり、家庭生活はそうした製品・商品に依存するようになった。女性たちの家庭での仕事も、生活を営むためのこれらの食品・製品・商品を購入し使用することが主力となり、それらを選別し算段する家政が仕事となった（このことに寄与したのが家政学などの女子教育であったといわれている）。ここから女性たちは家事担当者として、同時に「消費者」であるようになったのである。

他方で二〇世紀以降の科学技術は、家事のテクノロジー化もすすめてきた。炊飯器・掃除機・自動洗濯乾燥機・電子レンジなどの家庭電化製品の開発は家事を簡便化し合理化するのに役立つゆえに、多くの女性たちが積極的にそれを導入した。そしてそれは私的領域・家庭においやられてきた女性たちの閉塞感や家事労働の桎梏からの解放をもたらしたといわれている(11)。

そのなかで第二波フェミニズムは、近代社会における性差別のダブルスタンダード構造からの女性解放を掲げ、女性たちに、自立のための社会的労働への参加を促したが、その方途として家事労働の軽減も必要であると考えた。そして家事の産業化とテクノロジー化は女性差別からの解放にとって望ましいことであり、自己解放にも役立つと考え、それを受容した。第二波フェミニズムの創始者ともいわれるベティー・フリーダンなどは、家事は女性抑圧の一形態と考え、家事の合理化を主張して、かつて次のように語っている(12)。

「家事を職業と考えない、できるだけ能率よく早く終えねばならぬ家の仕事と考えなくてはならない。料理、洗濯、掃除、アイロンがけなどを、必要以上に大切なものと考えるのをやめれば、女性は多種類の洗剤と使いわけて、洗濯、掃除を面倒なものにするのを辞めるようになる。・・・そうすれば女性は、もっと創造的なことに時間を使うために、真空掃除機も皿洗い機も、あらゆる便利な電気器具、はてはインスタント食品まで使えるようになるのだ」。

家事の合理化を受容したのはフェミニストたちだけでない。専業主婦などを含むほとんどの女性たちが家事の合理化、食の外部化へと動いていった。こうして今日では家庭の食空間は電気冷蔵冷凍庫、電子レンジ、自動食器洗浄乾燥機、ミキサーなどの電気調理器具で占められ、食卓も多様な加工食品やサプリメント、自動販売機で購入した飲料水、デパ地下やコンビニの中食などで覆われ、家庭で調理・料理されるものは少なくなりつつある。食事の片付けもプラ食器や外食でしなくて済むといわれている（もっともこの家庭の食の外部化は、男性の家事参加の代替策として機能しているようである）。

ではこうした中食や外食が主流となった食卓では、「家庭料理」も「妻の手料理」ももはや実体がないのだから、ジェンダー問題もなくなっていくのだろうか。つまり産業化とテクノロジー化によって食の人工化・外部化がすすみ、家庭の食が加工食品や調理・料理の機械（ロボット）によって営まれるようになれば、男性の家事への参加を期待しなくとも、おのずから家庭の食の世界は「ジェンダー・フリー」になるのではないかと想像できる。フェミニズムが批判してきたジェンダー・イデオロギーも、産業とテクノロジーの発展によって、将来、なくなるのだろうか。

だがマイケル・ポーランによれば、食品産業は「料理からの〈女性の解放〉」という言説を利用して加工食品をつくってきたが、その背後に、「家族に食事を食べさせるのは母親の責任である」という、反フェミニズムのメッセージを含ませている、という。[13] 食の産業化もテクノロジー化も依然としてジェンダー・イデオロギーに支えられるというのである。それゆえに産業化時代の現在においても、先述の表にあるような言説が語られるのだろうか。

ところで家事の合理化とジェンダー・イデオロギーや性別役割分業観との関係については、今日、社会史や女性史などで研究がすすめられているが、私が注目しているのは、ナチス初期時代におけるフェミニストたちの食改革とナチズムとの関係についての藤原辰史の研究である。その研究によれば、二〇世紀前半ドイツでは、フェミニストを含む女性の建築家や経済学者たちが「キッチン」改造をはじめ、家事の近代化・合理化に取り組んだ。しかしそれは畢竟、女性たちの解放や自由獲得の道には通じず、逆に家事が国家の仕事と結びつき、ナチズムを支えるものとなった。そこではキッチンという場が女性たちのミニ国家社会主義の場となった。つまり女性たちはキッチンを通してナチズムに協力・貢献することになったのである。言い換えれば、女性たちは近代合理主義テクノロジーに支えられた食の領域で、ナチズムのイデオロギーを下支えしたのである。ナチスは、食事は「自分のもの」ではなく「国家のもの」、台所は戦場、調理道具は武器、主婦も「国家兵士」であるとするナチズムのイデオロギーで家庭の食の世界を改造したが、そこには女性は男性に奉仕すべき存在であるとのジェンダー・イデオロギーが前提されていたのである。

(3) 食事作りからの解放は、女性問題の解決なのか?

今日、性別役割分業の観念を引きずりつつ、たくさんの食品や家電製品に囲まれて変貌していく「家庭」のなかで、女性たちは、自分たちや家族のための食事作りをどのように考えているのだろうか（コロナ下でもあまり変わっていないようである）。

家事への男性参加が男女共生社会の課題であるにもかかわらず、この課題達成には多くの困難性がともなっているようである。それでも今日では「カジメン」の言葉もあるように、家庭の食事を担う男性たちが少しずつふえている。しかしいまもなお多くの女性たちは、家事の合理化や外部化を受け入れながら社会的自立をめざしているといえる。

こうした現代の女性たちのなかに、食の産業化やテクノロジー化がもたらしている問題について異議を唱えている女性たちがいる。これらの女性たちは、食の産業化やテクノロジー化をただ受け入れるのではなく、そこにある問題、とくに食の安全性にかかわる問題を考えていかなければならないという。というのも今日進められている食の産業化やテクノロジー化こそは、食の危機をもたらしている要因でもあるからである。また食品ロスや環境汚染の原因の一つは家庭の食にあるといえるからである。それゆえに、彼女たちは、家庭の食の現場から、家事を担当している立場から、食の産業化やテクノロジー化の問題について追求する。その追求の射程は食の安全性問題にとどまらず、食品加工問題、自然保護や環境保護の問題、食の格差問題まで広がっている。そうして彼女たちは消費者運動、生協運動、環境運動などの食に関する社会運動に、家庭の現場からかかわっている。これらの社会活動をする女性たちは、食の問題は性別役割分業観や家事労働の問題に集約できないと考えている。

ところで先ほど述べたように、家事の産業化やテクノロジー化が進行しても、女性の家庭での食事作りが減少しないとすれば、食事作りとは女性たちにとってどういう意味をもつものだろうか、それは女性が抱えている問題の解決への方途なのだろうか。

今日、多くの女性たちのホームページや個人ブログ、女性雑誌などに、食事作りの楽しさや個人レシピが掲載されている。フェミニストの料理日誌やフェミニズム系女性団体などのネットワーク情報、女性主体の生活クラブや生協の冊子などにも、食事作りのハウツーや旬の食材の利用法、有害食品の情報などが満載されている。これらをみると多くの女性たちが、家庭での食事作りを自己解放や社会活動であると考えているように思う。いや、それとあわせて、食事作りや食の情報交流を通して、お互いに知らない女性たち同士がつながりあい同じ食事を楽しんだり助け合ったりしている。ネットを通じた食事作りのハウツーが、閉ざされた家庭のなかで離乳食や子どもの食事で悩んでいる若いママたちを助けたり、高齢老親の食事作りで苦労している介護女性の援助にもなっているようである。原発事故後、子どもの食事作りに不安をもったママたちがもっとも頼りにしたのは女性たちの食のネットワークだったそうである。今日、女性たちにとっての家庭の食事作りは、女性の社会活動の障害ではなく、むしろ自己解放や、社会参加の窓口となりつつあるようにも思う。

もちろん家庭の食事作りには苦痛や辛さが伴うこともある。それはもともと女性にとっての家庭の仕事が、自己のためよりは、家族のためにするものとされてきたからである。それは、なによりも夫・男性のため、子どものため、老親の家族のためにしなければならない仕事として、女性のみにその義務や責任が課されてきたことから、食事作りも女性にとって苦痛や重圧となってきたのである（これを支えてきたのが**ジェンダー・イデオロギー**である）。しかし新たな男女共生社会にあっては、そうした強制や義務をなくすための社会的援助が整備されねばならないが、それでも子どもなど自給食できない家族のための食事作りは家庭からなくなることはないだろう。それを国家や企業へと全部外部委託すればいいと、私は思わない。料理や食事作りはまさに人間的なものではないだろうか。それは作る人の技術・知恵・歴史が加わっているものであり、また食べる人との関係や「心」が入るものである。

ポーランによれば、ボーヴォワールは、食事作りは「重圧」にもなるし、「一種の啓示と創造」にもなると考えていたそうだ。[14] 女性にとって家庭の料理は創造的な活動であるといえるかもしれない。いずれにせよ料理がそういう文化的な人間活動であるかぎりで、それは自己表現や自己解放の手段であるだろう。男性にとっても家庭での料理作りが自己表現や自己解放になるものだと、自ら料理するポーランは著書で語っている。

家庭の食事作り・料理づくりはかつて女性差別の事象であったが、それが女性にとって自由な自己創造活動となるとき、女性の自己解放を掲げるフェミニズムにとっても意義あることとなるのだろうか。インターネット通してみえてくる女性たちの食のつながりは、和食文化共同体というようなナショナリズムのつながりと異なって、多様な差異をもった個々の家庭の台所から発信された民主主義的な共食のつながりのように感じられる。それは、女性たちが培ってきた自己固有の食事作りの知恵や技術によって相互に支援しあう共生運動であるのだろうか。

こうしてみると、フェミニズムによる女性問題解決のための方法論には、「食事作りからの解放」ではなく「食事作りによる解放」もあるようである。

第8章　現代日本の「食」の問題とジェンダー

はじめに

「食」はすべての人間にとって、その生存・生命を支え維持するために不可欠なものであり、基本的には性差を問わないことである。しかし人間の食のあり方は時代や社会とともに変化してきたものであり、家族や地域や国家などを含む人間たちの生活や文化と深いかかわりをもっている。今日、食の世界は生産・加工・流通・販売・消費・廃棄等の領域に拡大し、グローバルな市場世界とつながっていることから生じる様々な問題を抱えているが、それら食の問題には「ジェンダー」の問題とのかかわりが深いものも多い。その「ジェンダー」とは「社会的文化的性差」の役割・思考・行動・表象全般を指すが、第二波フェミニズムによって、社会的文化的性差にかかわる差別・抑圧・規範・構造などを組み解く用語として使われてきた。それゆえ本章は、そうしたジェンダーの視点から、現代日本の食の問題について考えたいと思う。

第1節では、「豊食・飽食・崩食」時代にある現代日本の食の問題について、ジェンダー、とくに女性とのかかわりについて考える。第2節では、食の問題についてのフェミニズムの理論をとりあげる。そしてそれらを通して、現代日本における「食の問題とジェンダー」の課題について考えたい。

第1節　現代日本の「食」とジェンダーとの関係

1　現代日本の食の問題

二〇世紀後半以降、高度資本主義的産業社会の発展により、食の領域は生産（農林畜産水産業）と消費の二領域から、生産・流通・販売・消費・廃棄などの領域へと拡大し、それらのすべてが市場経済に依拠するようになった。いまや食の世界全般が産業側の主導のもとで、食の人工化、機械化、商品化、個別化とともに、供給の不安定化や安全性確保の不確実性などの問題が生まれ、国境を越えた対応・対策が必要となっている。そこでは「食べ物」に関する「安全保障」や「国家政策を含めた社会経済機構全体」の問題などがとくに論議されているが、重要なのは、食の世界の変貌によって「見えなくなっている」食（物・品）についての私たちの「かかわり方」

の問題ではないだろうか。

というのも、現代の食の世界の変貌は近代以降の産業・科学技術の進展に伴う「食（料）」の人工化・加工化という「食文明」がもたらしたことであり、その動きを押しとどめることは困難である。人工的な添加物、冷凍食品や改造食品、遺伝子やＤＮＡの改変された「新しい」食（品）の登場などについて、私たちはその安全性の保証・管理・規制などの基準や知識をまだもっていない。それどころか、その基準・規制を、そうした食の改造を推進している産業側に委ねているともいえる。そこから産業側の食（品）偽装、食の事件、公害、遺伝子組み換え技術や食品のＤＮＡ改造技術、原発事故による食物およびその環境の放射能汚染、さらに食品ロスや食料廃棄物やごみ（プラスティックごみ）の処理問題などが生まれ、私たちの「食」への不安が増大するばかりである。それだけではない。食品にかんする情報の氾濫が、ＳＮＳ問題なども加わって錯綜し、そのうえに（漁業捕獲の問題など）差異ある伝統文化の国際間取り決め問題なども抱えており、「食の未来」は「不透明」「不確実」であり、「安心」をもてない状況にあるといわざるをえないのである。

ところでこうした現代日本の食の世界が抱える問題は、男女に共通する問題であり、ジェンダー（性差）を問わない、あるいはジェンダー問題と無関係なのだろうか。そうではない。その関係が見えなくされているだけなのである。

第一に、食の技術化に関する安全性問題について、食（品）や食物への人工化や環境ホルモンや環境汚染などが人間の身体能力、男女の生殖能力や妊娠に影響し、被害をもたらすことは多くの環境問題から明白となっている。そのことは、レイチェル・カーソンやシーア・コルボーン、そしてC・マーチャントなどのエコフェミニストたちが指摘してきた問題である。

第二は、食の生産と消費の分断が起こす問題として、大規模な新自由主義的経済の発展に組み込まれつつある食産業の生産的部門には男性を基本とするジェンダー構造・秩序・格差があり、他方、食の消費の世界では自由化が進行しているにもかかわらず女性たちの私的世界とされるという、ジェンダー構造が健在である。そうして食産業生産の世界化・大規模化・機械化によって大量生産される食料や食品の消費者として、女性たちは「北」の豊食・肥満と「南」の貧困・飢餓という格差に追いやられている。

第三には、食の変化と家族の変化との相応関係である。これは、一方で産業側の「食」の商品化・個別化という変化があり、他方それに相応して消費者側の家族の「食」の個食化や孤食化という変化がある。この相応構図は、食の主領域である男性モデルの社会的労働とそれに依存する女性モデルの家事労働という、食労働世界の非対称なジェンダー構図でもある。それにもかかわらずその非対称な相応関係は、今日最大の食問題といわれる「ごみ問題や食料廃棄物や食品ロス」問題において、それが食の産業側による大量生産によって引き起こされているにもかかわらず、女性たちの「食消費」の問題とされているのである。

しかしこうした「食」とジェンダーとの「相関」関係について、これまで問題化されず、多くは男女共通の食の問題として論議され、ジェンダーの視点は欠落していたといえる。しかもそこでは、食（品）の生産・販売側の視点（生産第一主義）が重視され、結果として食の問題は「男性目線」で語られても女性への視点は欠如している。そうして多くは消費者側にいる家族の食事を担う女性たちの責任とされているのである。だが近年、こうした食の世界におけるジェンダー問題も留意されるようになり、少しずつ変化しているようである。そうした変化を含めて、食とジェンダーとの関係について考えたい。

2　食の世界におけるジェンダー構図

(1)　食の世界のジェンダー不平等

日本における「食」のあり方は、近代以前までは、食の生産と消費の領域とが分離されず、家族や地域などの「共食共同体」を中心に営まれ、そこでは身体的差異に基づく性的協働はあったが、身分制度や社会の仕組みからくる差異が「性」差より大きかったといわれている。だが近代以降の産業社会の発展に伴い、食の生産と消費の二領域が分離して、食の生産領域は「男性」をモデルとする社会的労働（賃金労働）の場となり、消費領域は「再生産」領域としての家族の、とくに「女性」による家事労働（シャドウワーク）によって担われる場となった。「男は外／女は内」という「ジェンダー秩序・構造」が社会を支える枠組みとなり、食の世界の「ジェンダー化」が基本となった。このジェンダー化は、男性を世帯主とし女性をその補佐とする「近代（家父長制）家族」の成立を意味し、それは女性個人の経済的自立が困難な、男女の「不平等」なジェンダー構図の成立でもあった。

こうした食労働における非対称なジェンダー構図は、二〇世紀後半以降、食産業の大規模化・技術化・商品化などによって、多様な労働形態の担い手が必要となり、少しずつ変化してきた。生産領域の基幹食産業といわれる「農業」でも従来のように男性中心では成りたたず、女性が農業専従者の半数を占めるまでになった。農村女性起業家も生まれ、加工・販売などの領域では女性が主たる担い手となっている。(1) こうしたことは他の食産業分野でも同様であり、今日多くの女性たちが、「雇用機会均等法」から「女性活躍推進法」への社会の動きを背景に、食産業を支える労働領域に参入しているのである。

ではこうした（食産業の）社会的労働への女性参与は、食の世界におけるジェンダーの非対称な構図を変革しているかといえば、必ずしもそうではない。一方で女性の社会的労働の多くが補佐的な役割であり、しかも女性が従事する社会的労働の形態には差異（正規・非正規など）による賃金格差があり、また配偶者の有無によって、女性間に経済格差がうまれている。他方では、女性は食の消費領域である家庭における労働（家事労働）を担うことから自由でなく、その結果として、今日では**「外＝男女／内＝女」**という新たなジェンダー構図がうまれている。いまや女性たちは、かつての「外と内」とのジェンダー非対称ではなく、「外」の社会的労働におけるジェンダー不平等と、「内」の女性のみの家事労働負担という、ジェンダーの「変則的二重的」非対称構図のなかにいるといえる。

なおこうした近年の女性の社会的労働への参入は、女性たちの雇用平等化の動きよりは、新自由主義的雇用要請が大きな動因ゆえに、女性たちに経済的格差が生まれ、女性たちのなかに「下層化」や「貧困」問題が大きくなっているのである（小杉礼子他：２０１５）。いずれにせよ女性たちにおいては、社会的労働への参入によって、逆に労働負担が増加するという現象がおきており、ジェンダー改革の見通しは明るいとはいえないようである。

(2) 食（家事）労働の問題

さて以上のような女性たちの過重な労働負担状況に対して、今日（ジェンダー平等の観点からか）

男女がともに二つの労働を担うこと、とくに男性がこれまで負担してこなかった家事（食）労働を担うことが提唱されている。いわゆる食事や子育てなどの家事労働についての男女共同分担である。欧米（とくに北欧）ではこの方策が少しずつ実現しているが、日本ではまだ途上、いや現実にはほとんど進行していないようである。家事労働の負担についての男女の認識の違いや、労働状況からの現実的困難性もあり、欧米のような男女の家事（食）労働の共同負担という方向に向かっていない。現実は、後述するように女性側の（食の）家事労働の負担の軽減（法）が進んでいるようである。もちろんそれぞれの事情（経済状態だけでなく、子育てや介護や家族関係などの理由）で社会的労働に参入していない女性もいるが、それらも、以下のような社会状況と無関係ではないだろう。

女性たちは、社会的労働に参入していることから生じる家事労働問題、食（事）負担に関して、現実には食（事）内容やその形態の変更による軽減と、代行化による軽減が進められている。前者は食の**外部化**（外食、中食）や**個食化**や**孤食化**（家族が各自個人のあり方で食事をするあり方）である。後者は**代行化**（業者や第三者、家庭内食代行ＨＭＲに委託するもの）である。こうしたことが可能なのは、食（事）の消費者側の意向だけではなく、食品の個別的商品化（冷凍食品、ワンパック食品など）や食（事）づくりにかかわる道具や器具の技術化を考慮に入れなければならない（電気ジャー、電子レンジ、冷蔵冷凍庫、食洗器など）。もちろんこれらを購入して利用するには経済的問題がかかわるので、そこには貧困問題もかかわり、結果として（貧食・孤食・介護を含む）社会的「支援」問題が大きくなってきている（河上睦子２０１７）。

３　「家族の食」とジェンダー

家族とは、「性と食をめぐって成立した集団」であり、「一つ屋根の下、同じ火で煮炊きした食べ物を共に分かち合う人々」（表真美、２０１０：11）の「**共食共同体**」であるといわれてきた。この家族は歴史的には性的分業のもとで食の生産と消費とを共に担い、そこで得られた食べ物を共に分け合ってきたが、近代以降、食の生産領域は家族から分離されて男性たちの労働に依拠する社会領域（産業・企業のもと）に属するもの、食の消費領域は女性の家事労働に依拠する私的家族に属するものとなった。いわゆる「男は外、女は内」というジェンダー構造のもとに、家族という共食共同体が再編成されたのである。

しかし「夫婦と子」という法で保証された日本の画一的な核家族の「近代家族」も、二〇世紀後半からのグローバル世界の発展と多様な人々の交流によって、非（未）婚、事実婚、国際結婚、離婚、婚外子出生、少子化など多様化し変化してきた。そうした家族の変容は、これまで家族を支えてきた「共食」のあり方にも変容をもたらしている。

(1) 家族の変化と「共食」の衰退

「共食」とは集団で食事を共にする（共有する）ことを意味するが、これには、食を共有する人間集団＝「共食共同体」（家族、地域共同体、民族、宗教共同体、同性・同一身分・友人同士などの集合体）と、共有する食べもの・食空間・食行動の質・食事つくり・食規範・食情報の共有などが含まれる。共食は、食活動を通して人間が属している社会集団の観念を維持する役割をもつが、もともとは「神人共食」「神饌」といわれる宗教儀式に由来している。家族という共同体における食卓の共食は、人間が生きるうえでの社会性や人間関係のルールなどの育成や保持に不可欠な役割や意義をもつ「共生の原理」の基盤であるといわれている（河上睦子：2016b）。

だがこの共食は、日本では、産業社会の発達によってコミュニティの弱体化・崩壊および社会の個人化が進み、**孤食**や**個食**に変容してきた。石毛直道は「家族とは食の分配をめぐって成立した集団であるが、いま逆に共食することが、家族という集団を維持する役割を担っている」（石毛直道、1982：175）という。いまや「共食」は食（事）の問題を超えて家族の問題になり、共食の衰退は、家族の危機・崩壊、日本社会の危機であるといわれるようになった。

家庭における食（事）のあり方は、社会文化や家庭状況（生活・労働・教育などの事情）に相応して変化するものであり、超歴史的な「本来的な」形態があるとはいえないだろう。共食の今日的あり様も家族に限定されず、さまざまである。たしかに現代日本のように、食（品）の加工化・技術化・人工化によって「食の個別化」や「食卓の個食化」「孤食」などの現象が顕著になるなかでは、人間の「共生の原理」でもある家族における共食の役割の見直しは大事である。これは、東日本大震災で家族や故郷を喪失した日本社会において、共食の意義が見直されていることで了解される。

しかし共食は、フォイエルバッハがすでに述べているように（河上睦子２０１５ａ）、人間間の結束と排除、集団・組織の団結と差別という両面的な機能をもつものである（女性に多いといわれる「拒食症」もこの家族の共食機能に関係が深い）。にもかかわらず、共食の衰退は「家族の危機」「日本の食文化の危機」として、「共食の復権」や「共食運動」が盛んになっている。一方では各地の「孤食」にある子ども、若もの、高齢者むけの「共食ネットワークづくり」が提唱・提供され、他方で各家庭の「共食日」の設定をふくむ「食生活指針」などが推奨される。こうした「共食運動」には、家族の再生運動と連続して戦前の「共食のイデオロギー」が潜むことが危惧される。その点では近年の共食の復権運動には、かつての「家族団らんイデオロギー」の同調がみられるということもできよう。

表真美（２０１０：１３６―１４４、１５９）は、国家政策としての家族団らんが「食育基本法」施行以後、小・中・高の教科書に「孤食、個食、家族の食事の共有の減少を警告する言説がたびたび見出され」るが、「食卓での家族団らんは、日本においては、国家がつくりあげて国民にうえつけてきたイデオロギーといえる」と述べている。共食問題は家族への食支援の必要性という視点だけではなく、食を通した日本の教育（食育）や家族の再生という政治的問題とも関連しているようである。[2] 人間の共食活動を、かつての私的家族という「閉ざされた」空間にイデオロギー的に引き戻そうとするのではなく、今日「開かれた」場のなかで再設定することが必要だろう。

かつて私は、近年、多くの学問的知見が日本における「共食」の衰退を問題化し、家族における共食機能の復権を提唱していることについて、共食の「イデオロギー的両面性」から疑義を述べたことがある（河上睦子、２０１７）が、今日それとは異なる考えもあるようである。これは、昨今各地で開設されている「子ども食堂」のなかに共食の新たな可能性がみられることである。それは、「子ども食堂」等の機能を、ただ貧困家庭や母子家庭の子どもへの食支援や民間の福祉活動とみなすのではなく、「社会的孤立」にある人たちの「共生の場」として考えようという動きである。

そこで目指されているのは、湯浅誠などがいうように、[3] 共食を通してコミュニティの再建を含む新たな人間関係の再構築を試みる「共生食堂」といえるものである。そこに通う人々が求めているのは、親子の共食だけでなく、地域の大人や仲間たちとの共食であり、また学習支援であり、悩みや相談しあえる親しい人たちとの「人間らしい」交流、「居場所」などだといわれている。それゆえそこでは子どもたちだけでなく、その親たち、外国籍の人たち、孤食の単身者や高齢者、障がいのある人たち、安らぐ場所を求めている仲間や人たちによる「下からの共生」が追求されているようである。

こうした試みのなかで注目されるのは、食事を共にすることの意味や役割の再構築ではないだろうか。共食とは「共生」の基礎であり、また人間にとっての食事が、「ともに食事することの楽しさ」の共有だからである。そのことは、ギリシアの哲学者たちがすでに語ってきたことであり（河上睦子：2015a）、この共食の楽しさこそ、私たちが今日失いつつある食の基本的意義・役割ではないだろうか。こうした共食の本来的「意義」を、「子ども食堂」に集う子どもたちが示唆しているように思う。

ただ気になるのは、そこでも「孤食」の貧困女子などを含む女性と食の問題との関係について語られていないことである。貧困に追いやられた女性たちは家庭からも社会から孤立しているにもかかわらず、ほとんど食支援の対象にはなっていない。女性は食事の供給側にいる者であり、一人で食事する者であるという、日本の伝統的な食のジェンダー観念には、女性は食の「社会的弱者」にならないという考えが潜んでいるようである。

差異と多様性の社会のなかに生きる私たちの食（事）のあり方は画一的なものではなく、共食にも各家庭や個々人による特色があるようだ（時々の共食や母親たちの共食など）。現在、家族の食（事）のあり方が孤食や個食になるのは、それぞれの家庭や個人が抱える事情や背景もあるからである（親たちの経済的事情や労働状態、子どもの教育や生活時間、若者たちの生き方、家族関係の事情など）。そうした解決困難な問題への視線なしに、共食の欠如は家庭、とくに食（事）を預かる母親の問題だといわれたりすることは、そうした状況にある家族を追いやることにしかならないだろう。

(2)家族の食（事）担当とジェンダー

食事を含む家事担当に関して、日本は先進国のなかではジェンダー格差が大きく、女性に偏っている。家（食）事負担についてのジェンダー改革が叫ばれているが、実質的には女性の社会的労働の負担（従事量）を少なくする方法（非正規やパートなど）がとられているようである。こうした現実についてはいろんな見方があるが、これは世界的な新自由主義的経済の要請に沿わない日本の保守的ナショナリズムのせいだけではないようである。そこには、女性たちの家（食）事に関する「意識」の問題もかかわっているようである。

見崎恵子氏（1999：118、130）は、これまで自明視されてきた「女性＝家族の『調理主体』」という考え方が現在検討されているが、そこには女性たちの「危機感」があることに留意したいという。女性たちの危機感とは、女性たちが食（事）や料理作り（その負担を含む）についてもっている複雑な意識、不安である。というのも女性たちにとって食（事）担当は、「負担」というジェンダー格差や不平等による「ジェンダー秩序の再生産」などの問題とは別の「意識・役割」の問題がかかわっているようだからである。食（事）や料理を担当することについて、女性たちには次のような意識的精神的側面がみられるという。ひとつは家族への食事担当を「家族への愛情と配慮（ケア）」と考えていること、他はそれを「仕事の分担」ではなく、家族の「健康や食嗜好」を優先させているという、「特別の心づかい」だと考えていることである。

女性たちのこういう意識（女性自身がそれを負担と考えるかどうかは別にして）について、単に伝統的なジェンダー規範を無意識的に内面化しているとか、慣習の継承や自己肯定だということができるだろうか。「ポストフェミニズム時代」に生きる女性たちは必ずしもそうではないようである。多くの女性たちは料理作りを楽しむだけでなく、家族用に作った料理を通して料理教室を起業したり、そのレシピを商品化してインターネットに公開したりしている。家庭の食事や家事の担当は技術化、情報化、外部化、代行化が進んで、より合理化・簡素化できるようになった（かつてはそれらに対応できる女性側の知識などが必要だったが、いまや自動センサーやＡＩ化されている）。

女性たちはいまや、ある意味で、「自分独自の」食事担当をすることができるようになり、それを負担や義務だと考えないで、「自由選択」だと考える人たちも生まれている。もちろんそうした考えをもったり、そうすることができたりするのも、環境や事情（家族や経済的要素）が許すからだということもできよう。しかしそれだけではないようだ。私見では、この問題については必ずしもジェンダー平等や公正問題に収斂できない、女性たちが長く食（事）や料理作りを担当してきた歴史から身に着けた、食に関する知力・技術力・文化力もかかわっているのではないだろうか(4)。

4　食の「ジェンダー規範」からの自由

近年、「食とジェンダー」に関して注目される現象がある。かつて「食」は時代社会文化のもつ「ジェンダー規範」のもとで、酒は男性用のもの、甘いものやチョコレート等は女性用、というような「通念」があった。女性は人前で酒を飲んではいけない、酒を飲めない男性は「男性性」に欠けるなどを始め、食に関する様々な「ジェンダー規範」があり、時代社会文化のジェンダー・イデオロギーが、食にも存在していたといえる（第7章参照）。では今日、こうした「食のジェンダー・イデオロギー」はなくなったのだろうか。

ジェンダー・イデオロギーからの「食の自由」について確認しておきたいのは、これは食の消費者サイドの問題よりは、むしろ食（品）の生産（量）や販売（量）に関係することとして、生産側や産業側の「意向」と無関係ではない。私たちの「食」は今日、生命維持のためよりは商売・美容・趣味等の多様な目的をもち、人々のニーズや欲求に相応するものとなっている。食（品）もいまや社会的なジェンダー意識の変化に沿うものとなり、最近は「脱ジェンダー」や「ジェンダー・フリー」の食（品）も多く見かけるようになった。「酒好きの女」「大食の女性タレント」「甘食好きの若者」「黒や白など中性色や無色の食器や食道具」等々が、マスコミや食品コーナーに出回っている。

かつては宗教儀礼や地域の慣習と一体であった食べものの「ジェンダー規範」（家父長制的規範）が確固としてみられたが、今日では都市生活者のみでなく、日本中の多くの男女（個人）が自分たちの好みで脱ジェンダー的食（品）を「自由」選択している。一〇年前の「肉食女子」「草食男子」という揶揄的表現ももはや風化して、食品はジェンダー色をもたないようである。もちろん地方や家庭内では、伝統的なジェンダー規範はまだなくなってはいないが、社会的には食品へのジェンダーの縛りは確実に衰退している。では今日、日本の食品の世界はジェンダーから自由な領域、食べものは個人の自由選択の対象物となったのであろうか。必ずしもそうではないようである。

もちろん食（品）に対するジェンダー規範からの自由は、近代の自由・平等・民主主義の精神や、女性たちの自由・平等を求めるフェミニズム運動のジェンダー変革運動と影響しているといえるだろう。しかしそれ以上に、一九九〇年以降のグローバルな高度資本主義的生産主義による大量の食（品）消費の拡大という、新自由主義的な産業経済側の要請が大きいのである。ジェンダー色のあるローカルな食（品）ではなく、マクドナルドの無性や中性の脱ジェンダー的な食（品）が世界のいたるところで消費されるのは、背後に産業側の「売るための戦略」「商戦」があるからではないだろうか。それゆえそうした「新しい」ジェンダー色の食品が「売れない」ならば、政治状況を背景に、「古い」ジェンダー食品の再登場もあるかもしれない。

食品の自由化には「新自由主義」的食市場の意向も入っている。その意味で、食品選択の自由については、産業側と消費者側（女性たち）との間の相関性を考える必要がある。それゆえ食選択は、食品のジェンダー規範からの自由よりは、むしろ消費者の選択の「自己責任」問題とされることが大きいのである。つまり現在進行しつつある脱ジェンダー的な食（品）購入の「自由選択」は、自由と平等と民主主義のあらわれよりは、グローバルな高度資本主義的経済主義のあらわれではないかと考えられる。近年の食（品）にみられる脱ジェンダー化は食の世界のジェンダー規範からの「自由」を必ずしも意味していないように思う。

第2節　（ポスト）フェミニズムの「食」論

周知のように、フェミニズムは日本のジェンダー問題、とくに女性の「労働」問題や「選択の自由」「家事に関する性役割」問題などにおける差別・抑圧・構造の解明とその超克に取り組んできた。その運動や理論は、前節にみたように、一面では食の世界におけるジェンダー「改革」に「寄与してきた」といえるが、それも食のグローバルな市場経済主義に巻き込まれている。というのも日本のフェミニズムは、現代社会がかえている食の問題とジェンダーとの関係について正面から理論的に取り組んできたとはいえないからである。そこから食の世界におけるジェンダー改革は不完全なものになったように思う。この節ではそうしたことを踏まえて、今日のフェミニズムの食論について考える。

１　エコフェミニズムの「食」論

フェミニズムのなかで、「食とジェンダー」の関係問題に取り組んできたといえるのは「エコフェミニズム」だろう。しかしそのエコフェミニズムの理論は、日本ではこれまで注目されてこなかったようである（河上睦子：２０１２）。その理由も含めて、エコフェミニズムの「食」論について考える。

(1)日本のエコフェミニズム

フェミニズムは、日本では一九七〇年代から、伝統的なジェンダーの非対称な関係を乗り越え、女性自身の自立と自由をめざす運動として活動してきたが、「食」については、家事労働の問題や家庭内の性役割の問題のみ取り組んできたように思う。そうしたなかで食の問題に関心をもってきたのは、エコフェミニズムの一部と生活者運動、環境運動、消費者運動などだろう。[5] だが日本のエコフェミニズムは、一九八〇年代まで**青木やよひ**を中心とする「リプロダクティブ身体」（その医療技術化批判）を主題化してきたので、[6] 食問題の理論化はなされなかった。しかし一九八〇年代には、社会主義の崩壊とともに資本主義的市場経済がグローバル化し、食の産業構造が変化するとともに、世界の「食」をめぐる経済的格差が広がり、日本でも食に関する多くの問題に関心が集まるようになった。[7] そして消費生活の仕方やごみ問題などを含む食の環境への（女性たちの）かかわり方が問われるようになって、欧米の（ソーシャル系の）エコフェミニズム理論が注目されるようになった。[8]

そうしたなかで**綿貫礼子**は、チェルノブイリ原発事故による放射能汚染の後遺症を抱えた子どもたちの（食）支援活動から、「**リプロダクティブ環境**」の問題を軸に、「環境と女性」との関係を主題化した。[9] この綿貫たちの活動は、二〇一一年の福島の原発事故による「食の環境」への放射能汚染問題が起きて以降、エコフェミニズムがもつ「食・環境」と「ジェンダー」問題への視角を、改めて照明させることになったといえよう。

いうまでもないが、福島の原発事故による「食の環境」への放射能汚染は、日本および世界中に大きな衝撃を与えた。現代社会のグローバルな資本主義と科学技術主義の発展によって、「自然」「生命」を支える「食・環境」世界そのものが脅かされることを私たちは体験した。そして食の現代産業経済のなかで脅かされている食の「安全性」という問題と、「家族のための食（事）担当」という女性たちが担っている役割の重大さを改めて認識したのである。言い換えれば「フクシマ」以後、私たちは、「食と環境の安全性」と「女性における家族の食事担当」（その意義を含む）の問題を主題化しなければならなくなった。近年のエコフェミニズムの再読やケア論の提唱の背景には、こうした「食・環境・ジェンダー」の問題への注視があるといえよう。

(2)エコフェミニズムの「食・環境・ジェンダー」の考え方

人間の食に関しては、生命の存立・維持にかかわることとして、その安全性確保が重要であり保障されなければならない[10]。それゆえこの「**食の安全性**」について、これまでも産業技術の発展による食料・食物への加工化・人工化・技術化の問題として論議され、規制などがとられてきたが、そこでの「安全性」は、人間にとっての「食（料・品）の有害性・危険性」の防止・排除ということにあった（**第一段階**）。その後、食物の遺伝子組み換え技術などの高度産業科学技術の発達によって食糧生産場の「食の環境」が脅かされるようになり、「安全性」は「食の環境」

の自然性の破壊・侵害の禁止・制限、そしてその保護となる（第二段階）。その後さらに原発事故による「放射能汚染」などによる生き物の「いのち」「生存」の存在基盤の危機という問題が引き起こり、「安全性」は、人間を含む生き物の生命・生存の「存立・維持と可能性」（＝サブシステンス）にかかわる広義の「（食の）環境」問題となった（第三段階）。これは環境そのものの問題であり、ある意味で「食とジェンダー」という枠を超える問題だといえるだろう。ではこうした「食」の安全性をめぐる状況変化のなかで、エコフェミニズムは、「食・環境・ジェンダー」の関係について、どのように考えるのだろうか。

エコフェミニズムは、エコロジーとフェミニズムの二つの思想を発生源とするといわれ、自然破壊と女性の抑圧には共通の支配構造が存在するという認識に基づいて、「生命の尊重、自然の保護、女性の自由」をめざす社会運動であり、食と環境に関する問題・課題をジェンダーの視点から分析する（河上睦子：2003b）。それゆえエコフェミニズムは、今日の食・環境の問題についてエコロジーと必ずしも同じ考え方をしない。その違いを示すのがフェミニズム、とくに「ジェンダーの視点」である。以下、「ジェンダー」に軸足を置いて、エコフェミニズムの「食・環境」についての考えを確認したい。

エコロジーは人間中心主義を批判し、生きものすべての生き物・自然・地球の尊重、存続、保存・

保護の立場で考える（生命中心主義）。それゆえ食についても他の生きものを含めた生命存続のための環境を軸に考える。例えば、捕鯨のクジラ「食」も、日本の「食文化」の伝統継承という観点をとらず、クジラの生命という観点から否定する。つまりエコロジーは、「食」の軸を人間（の食活動）におくのではなく、すべての生き物の生存や自然の存続性におく。東方沙由理（2018：36）は、私たちの食には海や土地によって「生かされ養われている」という「エコロジー感覚」が必要であると指摘している。[11]

それに対して、エコフェミニズムは食の問題について、「食べて生きる」人間社会のなかで、**女性**にかかわる現実の人間関係や社会文化や経済システムなどの問題を含めて、考える。それゆえエコフェミニズムの食の見解には「両面性」「多義性」が付きまとうこととなる。その「食・環境」理論には、現代の食・環境の男女の身体への影響、「食」労働（賃労働と家事労働）の性役割、「北と南」の食市場における格差（富裕と貧困）、肥満や飢餓にあらわれる男女の食認識の差異などの見解も含まれるからである。つまりエコフェミニズムは、現代の食の世界へのグローバルな食市場における自然性の収奪・支配を批判するが、同時にそれを支えている食の生産と消費の関係構造、人間の食生活やジェンダーの問題についても考えるのである。

現代の食の世界は、前節でみたように、グローバルな金融資本主義的食産業の食市場拡大によって、「北」では生産領域での（男性）労働の価値化＝有償化と、消費領域での（「主婦」の）再生産活動の無価値化＝無償化という、食の（資本主義的）交換価値構造に支えられた豊食の世界が出現している。他方「南」では、「北」の食市場を支えるために、生産と消費の双方における男女の協働労働が無価値化されつつも続けざるをえないという「貧困」「飢餓」の世界が出現している。しかしそうした食の世界の「北と南」の（ジェンダー）格差構造について、国際機関による是正策も結局は格差の横断的拡大にしかならない。なぜなら今日では男性労働の「主婦化」(12)が、グローバル金融資本主義のもとで、世界中で縦横的に拡がっているからである。エコフェミニズムはこうしたジェンダー的構造に支えられた資本主義的食労働の問題を含めて、食・環境の問題を批判的に考えてきたのである。

2　ポストフェミニズム時代の食（事）論

(1)母たちの「食のケア」について

福島の原発事故後、子どもたちのための「安全な」（放射能汚染のより少ない）食料調達や環境確保の要望と「葛藤・苦しみ」が、母親たちからSNSやインターネットを通して発せられ、それらに対して国や地域や民間などの多様な支援活動が展開された。ところがこうした動きについて、「なぜ母親たちなのか」という疑問や異議が出された。「安全な食料の調達」は子どもをもつ母親たちだけの問題ではなく、老人、病者、障がい者などの食のケアをしている人たちの問題でもあり、「男女」を問わない問題ではないのか。いや安全な食料の調達や環境確保は、「フクシマ」の被害者全体の問題であっても、「母たちの問題」ではないだろう、と。

母親たちの声や要望を優先することに対して、こうした疑問や異議が出たのである。そして一部のフェミニストからは、母親たちの要望を優先するのは伝統的な「母性主義」や、食事における「ジェンダー構図・秩序」を容認することではないのかと、疑問も出された。ここから母親たちの食事担当の「役割」とはなにかが改めて問題化されたのである（河上睦子、2012：25—28）。

この問題は、第二波フェミニズム理論では、家（食）事に関するジェンダー構造や性役割の問題であるが、しかしこれはそういう問題枠では論究できないように思われる。というのも原発事故による「食の安全性」問題は生命を脅かす「第三段階」の環境問題迄に進んでいる。子どもたちの日々の食事調達をケアしている母たちの声は、母親たち専有の食べ物への要求ではなく、生命保護のための「食の安全性」の主張だからである。それだけではない。エコフェミニズムは、母親たちを含む女性たちが子どもや家族の食事のケアに関心をもちケアすることについて、性役割の問題以上に、子どもや他者との「生存」や「共生」の問題だと考える。

資本主義的市場経済優先主義のなかでもっとも犠牲を蒙るのは、社会のなかで弱い立場に追いやられる者たちであり、それは子どもだけなく、貧困者、社会的弱者、「南側」の男女、社会的孤立した者たち、そしてそうした人たちを「ケアしている」人たちでもある。こうした人々は、食の（安全性や調達）保障からも遠いところに立たされるゆえに、食の保護・支援・情報をもっとも提供される必要があり、それは、性役割の観点からでは論じられないといえるからである。この考えは、チェルノブイリ事故後、子どもたちのために放射能汚染されないミルク求めて母親たちと共鳴して活動した、西欧のエコフェミニストも同じであった。食事を含む家事担当は、資本主義的再生産問題よりは、生命と生活の再生産問題として、人間の基本的生存を支える活動とみる必要があるという。これが、エコフェミニズムの「**サブシステンス**」論の考えである。

サブシステンス subsistenceとは、一般に「基本的生存」や「自立的生存」と訳され、資本主義的市場経済に依存しない労働や生活を指示する考え方である。食のケアを含む家事労働は、資本主義社会のなかでは生産労働などの賃金を稼ぐ生活のあり方より価値が低いとみなされているが、エコフェミニズムではむしろ、それは生存のための価値ある再生産活動、サブシステンスのための労働と考えられている。そこでは食の安全なあり方を確保・維持するために、生産と生活とを分離させないで、ともにかかわるべきだと考える。もちろんそうした営みを女性だけが担うのではなく、男女共同の活動としていくことが大事だという。そして安全な食の生活と結びついた生産のあり方を求めることや、強制や差別のないあり方で食活動に取りくみ、男女が自立した生き方をすることが重要だといわれている。

しかし今日のように資本主義的市場経済が私的領域まで進行しているなかで、そうした自立した（自給的）生活ができるには、賃金獲得を目的としない、「最低限の」社会的労働をすることも必要だと、ミースたちは語っている（ミース：1980）。その場合もミースたちは、女性たちが対立するのではなく、考えを共有する仲間たちと（男性を含めて）繋がり、組織化し、これまでのジェンダー構造への変革的な意識をもち活動することが必要だともいう。それは、グローバルな経済構造のパラダイム、プロセス、政策、プロジェクトには「父権的偏見」が存在し、そこでは「女性の関心と優先問題、視点が排除されてきた」からである、といわれている（ヴァンダナ・シヴァ、同掲書）。

エコフェミニストたちは、以上のサブシステンスの考え方（サブシステンス・パースペクティブ）のもとで、世界各地で自立・自給の生活を実践している女性たちの活動と連携している。ミースはその点で日本の「生活クラブ」を評価した。こうした女性における食の（担当を含む）問題については、ポストフェミニズムのケア論にも同様の見解がみられるようである。

(2)ポストフェミニズムの「ケア」論

現代社会のように家族が多様化し個人化しつつあるなかで、差別や抑圧のない共生関係を実現することの一番の難問は、家庭・家族における「**ケア**」という問題であろう。家族におけるケアという問題は、これまで食事のケアおよび食の責任が女性にあるとされてきた、「食」に関する「ジェンダー」問題でもある。現代社会には、食事を含む家事（労働）が私的世界の無償労働（アンペイドワーク）として女性に配分されていることで女性の経済的自立が困難になるという問題がある。これは「ケアの私事化」「ケアの女性化」といわれ、「ケアの社会化」志向と対置されている。はたしてケアは私事的問題なのか。いや、昨今国の共生政策として、ワークバランスや共食推奨が掲げられているにもかかわらず、生命・生活そして労働の基本をなす家（食）事の「ケア」が私事的問題、女性の問題にされていることが問題なのである。

「ケア」の原点に立ち戻って考えてみると、「ケア」はすべての人間存在にとって生存の不可欠な要件である。「ケアしケアされること」、つまり双方向的ケア存在であることが人間存在の「本質」でもあることは、ギリシアの哲学者ソクラテス以来二〇世紀のケアの哲学者M・メイヤロフまで語ってきたことである。こうした双方向的ケア存在である人間において、（家族への）「ケアすること」を女性のみに負わせることこそ、現代社会の問題だろう。もちろん男性たちは（家族への）「ケアする」ことを多くは社会的労働という形で担っているともいうが、女性たちは直接的に「ケアする」ことに従事することで、現実的には自己の自立的生活の経済的基盤を喪失したり社会に依存したりしている。こうした現実を受けて女性個人の自立を掲げてきたフェミニズムにおいても、ケア論が提唱されるようになった。ギリガンやノディングスたちのケア倫理や、キテイやファインマンのケア論などが知られているが、「食とジェンダー」を考えるうえから後者のポストフェミニズム[13]のケア論に注目したい。

このケア論は、岡野八代や牟田和恵などの翻訳によって内容が紹介されているが、そこで問題化されているのは、子どもなど、ケアを必然的に必要としている者（ケアされる者）への「ケアする者」の社会的位置づけ（依存的状態）である。これまでのフェミニズムでは、「母」を始めとする女性が「ケアする者」とされることで、女性たちの（社会経済的）自立が困難になることを問題化し、ケアと「母」との一体化的関係性を切り離し、ケアを社会化する方策を提唱してきたように思う。しかしファインマンなどのフェミニストは、ケアの人間関係性、とくに「家族」のあり方から考える。というのも「自立」可能な大人たちは、食事（調達を含む）などのケアを他者に依頼したり社会的支援によって行うことも可能だが、自立できない子どもなどは「必然的に」他者のケアを必要とする。ファインマンは、後者のケア関係においてケアする者は、ケアされる者と日々生活を共にし、その心身状態を知っている家族員（「母」という象徴体）がふさわしい、と述べている。これは、前節で述べた、家族で担われてきた「共食」の性役割問題でもあることを確認しておきたい。だが他方では、高齢者や障がい者への食のケアを含む家族内でのケア関係が、多くの問題を生じさせていることも確認する必要があるだろう。

いずれにせよキティやファインマンたちは、従来、女性個人の自立を掲げてきたフェミニズムのなかに、新たにケアという共生の視点を導入している。このポストフェミニズムのケア論は、家族を近代的自律・自立的個人による集合体と考えるのではなく、また性愛的関係態とするのでもなく、相互にケアしあう関係態と考えている。つまり家族とはケア関係で構成される（共食を含む）人間集団であると考え、そこから共生社会を考えようとしている。家族の「絆」を「性愛」から「ケア」へと転換させようというのである。こうした考えは、前節でみたような現代の食の世界のなかでの変容した家族のあり方として説得力をもつように思うが、問題は、この「ケア家族」も新自由主義的資本主義社会という現実のもとにあるということである。

このことについて、第二波フェミニズム理論では、家族は近代社会において「自然的な」性的関係態として規定され、国家よって法的規制と保護を受ける「特別な集団」であり、「政治的な諸制度のなかの一つ」であるとされてきた。それゆえに家族も人と人との関係性や生活形態などにおいて「国家の一制度」として、国家が期待する役割を担ってきたといえる。近代国家は「ケア」という「家族役割」の「自然化」という「イデオロギー的装置」をもって、ジェンダー家族をつくりあげてきたといわれている。こうした近代の性的家族のもとにあるケア関係の軛を解き放ち、新たなケア関係でつながる家族が求められている、とポストフェミニズムのケア論は主張しているようである。

それでも私見では、家族におけるケア役割は、近代国家による性愛関係に結びついた構築物だけではないように思う。霊長類学の山極壽一（2012：230）によれば、家族は人間のもっとも古い社会的文化的な装置で、歴史を通して存続してきた人間の社会組織であり、家族における共食と子育ては家族の性関係とは別であった。たしかに家族のなかで共食と子育てを担う者がいたが、それは母という血縁的単体よりは複数の母たちが担っていた。また父という複数者もそこに参与していた。いわゆる共同の食事（共食）と、複数の親たちによる共同の子育てをする「開かれた」家族である。この家族のケア主体は母親だけではなく父でもあった。多くは父のケアは積極的参加ではなく、「母親の負担をなくすような積極的世話とは別の」「連携」というかたちであり、「長期的に子どもに影響を与えるようなあり方」「子どもの保護者、監督者という役割」のもとにあり、「ほかの子どもたちと対等なつきあいをさせて社会化すること」であったという。

つまり人類の家族は性愛の閉鎖的ジェンダー集団ではなかったのである。こうした家族のあり方は家族の共食活動において最も現れているといわれている。以上の見解を踏まえれば、古来、家族は（対の父母の）性愛を基本とする人間共同体よりは、むしろ食（共食）を中心とするケアの共同体であったようである。家族の基盤が共食にあり、家族のケアも食にかかわる役割を基本としていたからである。

ポストフェミニズム時代のケア論は、家族の性愛関係の変化からのアプローチからではなく、「食のケア」からのアプローチ、つまり現代社会の食のあり方の変貌のなかで、家族を支えてきた食（事）のケアのあり方から考える必要があるように思う。

おわりに

現代のグローバル化した食の世界が抱える問題について、女性たちのジェンダー「改革」は、労働問題、食の自由化、食・環境の安全性問題、家族のケアを含む共食（事）のあり方などの問題を中心に、一定の役割をはたしてきたといえる。それでも女性たちは、世界規模で発展し続ける食市場経済の支配のもとで多くの解決困難なジェンダー問題を抱え、自身の生（活）のあり方を模索している。

そうしたポストフェミニズム時代に生きる女性たちの歩みは、二方向に分かれているようである。自ら食産業を含む社会的労働に積極的に参入することでジェンダー改革を志向する方向と、食を介した自然や他者とのケア関係を重視したサブシステンスの生活を志向する方向である。だがその両者にも属しえないで、豊食の日本のなかで、貧困や病気や家族関係によって日々の食事にも欠き、社会的に放置され孤立している女性（男性）たちの存在は、現代日本の「食の問題とジェンダー」の関係問題を象徴しているのではないだろうか。

・鳴子博子編著『ジェンダー・暴力・権力』（第9章）、晃洋書房、二〇二〇年（所収）

終章　食のゆくえ

現在、私たちもそのなかにいる、新型コロナ感染症のパンデミックの始まりは、二〇一九年の終わり頃、中国の武漢という都市の「ロックダウン」とWHOの警告だったように思う。この感染症はやがて日本にも伝播し、大勢の「患者」を乗せた豪華クルーズ船「ダイヤモンド・プリンセス号」が横浜港上に不気味に漂うようになって、私たちにも身近に感じられるようになった。それはまるで一八五四年に横浜に来航した黒船のように、その後の日本社会の混乱と変化の嵐を携えて到来したのである。

当初日本では、そのコロナもインフルエンザの新種にすぎず、サーズSARSやマーズMERSのようにあまり影響の少ない、海外での流行感染病ととらえられていた。しかしそうした認識は一変する。この感染症の患者が日本でも多くでるようになると、これは「人間経由」で伝染する新種の感染症であるが、治癒のための医療手段がほとんど無く、重症者や高齢者などは死に至ることも多くあることがわかった。しかもワクチン注射や治療法もまだ開発されていないとのことで、人々は不安と恐怖をもつようになって、世界中がコロナ情報で右往左往するような状況になった。同じ状況下の日本でも、一方では厚労省等を中心にした政府指導のコロナ対策…「水際対策」「専門的医療体制の整備」「緊急事態宣言の発令」「外出自粛の奨励」「ワクチン接種の奨励」などが次々出され、他方ではコロナによって疲弊する社会・経済活動の活性化支援策として、（家庭・教育分野を除けば）「経済的困窮者への現金給付」「一連のゴーツー政策」「リモートなどの働き改革」「中小企業への資金繰り援助策」などもたてられるようになった。しかしそれにもかかわらず患者数は増え続けるばかりで、いまもなお社会全体に漂っているコロナの暗雲を払うことができないでいる。

こうした状態はもう二年以上も続いているが、それでも二〇二〇年夏頃にコロナワクチンが英米などで開発され、翌年春頃から日本でも医療者・高齢者を手始めに、希望者には全員接種できるようになり（二〇二二年には三回目接種に至ったが、若者の接種率が低い）、少しずつ明るい兆しが見えるようになってきた。しかし政府から新たに法整備（二〇二一年春の「コロナ対策の改正特別措置法」…（新型インフルエンザ等対策特別措置法等の一部を改正する法律』等を中心した）を始めとした新政策が提示されているようだが、はたしてそれらは効果的なものだろうか。依然として私たちはワクチン接種、マスク着用、手洗い消毒、三蜜回避などの間接的な自己防止策をすることしかできないのではないかと不安である。それゆえコロナ禍のなかの私たちの「いのちと暮らし」を支えるものとはなにかについて、「食」という視座から改めて考えたい。

なおコロナ禍の日本の状況に関しては、本書の第5章で取り上げてきたので、それを参照しつつ考えていきたい。

1．コロナ禍の暮らし

コロナ禍の現在、私たちの暮らしは「ステイホーム」と「マスク着用の外出」というある種「不自由」が常態化しているが、こうした暮らし方はコロナ感染への危険・不安・心労を背景にしたものである。それゆえ政府や社会から提示されたさまざまな方策は、援助・支援を含めて、暮らしの見通しがたたないことを表しているのではないか、と不安に感じている。そうした「先のみえない」現実のなかで、私たちの暮らしのゆくえはどうなっていくだろうか。

すでに身近になっているかもしれないが、コロナ禍のなかで「新しい日常」「新しい生活様式」という言葉が、メディアを通して頻繁に使われていた。これは、コロナ禍での私たちの暮らし方についての行政側から発せられた「指針」のようだが、確認すると、これらの言葉は、新型コロナウイルスの感染拡大を阻止する目的で設けられた「新型コロナウイルス感染症専門家会議」からの提言を踏まえて、政府が公表したものである。厚労省のホームページによれば、「新しい生活様式」とは、新型コロナウイルスを想定した日常生活の中での徹底した行動変容の要請であり、自分自身、周りの人、地域などを感染拡大から守るために、それぞれの日常生活において自身の生活に合った生活様式を実践することである。それは、以前の暮らし方と違う新しい暮らし方として、国民に求めたい「暮らし方の推奨モデル」のようである。

だが、暮らしとは一人ひとり同じではなく、違いがある。それはコロナ禍でもそうだろう。単身者、高齢者、病者、ホームに入っている人、ケアラー、医療従事者、パートナーの暴力から逃げている母子など、それぞれの暮らし方がある。同じ自宅待機といっても、暮らしを支える仕事や金銭を失ったなかでの暮らし方がある一方で、豊かな貯蓄で暮らせる人たちの生活様式もある。コロナ禍でも、いやコロナ禍だから、人の暮らしは同じではない。しかしコロナ禍では感染をひろげないように、国民一様に政府が示すような生活様式を取り入れよと、いうのであろうか。

緊急事態宣言下で指示（指令）された行動様式は、外出自粛による生活方法が示されているが、新たに制定された「改正特措法」では、感染による自他の生命・健康に著しく重大な被害を与えないように、自分の行動を生活の場において律することが改めて指示されている。これは畢竟、私たちの生活を新型コロナ対策の観点で規制すること、私たちの日常行動という　の領分を公的に制限することを意味しているように思う。

私たちの暮らしは、戦後民主主義のもとで、基本的には他者や国家からも支配されない、自由であることを法的に保障されているが、「緊急事態宣言」は他者・周囲にコロナ感染させないという「公共の倫理」によって、「移動の自由」をはじめとする個人の自由な権利（私権）を制限・禁止した。この法で制限が許されるとされるのは、あくまで対コロナのための緊急避難的対策としての「いのちの保護のため」であるといわれている。

しかしこの私権の制限について、ドイツのメルケル首相は、コロナ対策のためという限定された私権の制限の許容を国民に広くお願いしたが（二〇二〇年三月一八日のテレビ演説：民主主義とコロナ対策との関係についての演説）、日本ではロックダウンは出されなかったものの、コロナ感染対策のためとして、ある意味、無条件に、国内および海外への移動（流出・流入）の自由を含めた私権の権利を制限したように思う（それについて批判も議論もなかったというのは本当だろうか？）。だがこれは国民の生活権や自由権に介入することではないか。それゆえそのことにかかわる問題として、これまで日本の農・食産業およびケア産業を支えていた海外からの技能実習生や移民労働者たちがいなくなり、多くの中小の産業に大きな影響を与えることになったように感じている。

こうしたコロナ禍での日本の自粛状況は、個（個人の生と生活の自由）と公（公共の倫理）との関係を悪化させているのではあるまいか。それは私たちの「いのち」と「暮らし」との「対立」を大きくするだけでなく、畢竟、フーコーがいう社会権力の自己内監視システムとして、違反者への排除に同調する自己責任論を大きくすることを意味しているだろう。

ところで緊急事態宣言による不要不急の外出自粛には、自宅待機、家庭で待機せよという指示（指令）も含まれている。家庭は人間の生命や健康に重大な危機・危害を与える新型コロナウイルスからの「避難所」、家族の生命・身体を守るための安全な場所だと考えられるからであろうか。それに対して自粛の対象とされる（家庭）外の世界は、「家族ではない」人たちとの、モノや知識や技術や情報などを介する文化・教養・観光・娯楽などの世界であり、暮らしを支える「金銭を稼ぐ」ための仕事と労働に支えられる世界であるとされ、こうした世界が現代の資本主義的産業社会を構成しているとされてきた。

しかし家庭外の世界は新型コロナ感染の危険が大きい場でもあるゆえ、とくに食事を介する外食場・旅行業・娯楽施設・イベント場などは、新型コロナ感染の危険のある「三密の場」として、マスク・手洗いだけでなく、可能なかぎり新型コロナウイルスの飛沫感染や接触感染を防ぐべく、人との身体的交流・接触を避けることが求められている（コロナ禍で自宅勤務やテレワーク利用などがすすめられているのは、人との接触を避けるためであるといわれている）。

だがこの（家庭）外の世界は家族という枠を超えた人間間の協働的・文化的・情報交流によって成り立つ世界なので、人々のそうした直接的交流への制限や遮断は、個々人の暮らしの領域だけでなく、経済活動や文化活動を軸とする社会全体を土台から揺るがしかねない。コロナ禍での私たちの「移動の自由」の制限だけでなく、他者との「直接的」交流・コミュニケーションの制限も指示されている。しかしその指示によって社会的経済的被害を受ける人々や企業への救済・支援の方は不十分で、ほとんどが自己責任の領分とされている。こうして日本では経済活動以外の文化的活動や知的活動などの社会的活動は、いまなお閉塞状態にあり、そこからの出口を見せなくなっているといえるだろう。

2．コロナと「食」

コロナ禍の暮らしのなかで唯一「食」の世界だけは規制されないで「自由」であるようにみえるが、はたしてそうだろうか。そうみえるのは、「食」はコロナから私たちの「いのち」を守るもの、「いのちの守護神」と考えられているだけではないだろうか。

「食」と同じく「医療」も「いのちの守護神」とされてきたが、現代医療は新型コロナ感染症に十分に対応できないようである。コロナの治療に携わっている医療者たちはコロナ以外の重病者の治療も後回しにせざるえないなかで、日々押し寄せてくるコロナ患者に必死の治療的対応に追われ、疲労困憊の状態にあるという。しかも自身は家族のいる家にほとんど帰れず、病院での治療三昧の日々を送っていると聞く。これと反対にコロナ禍のなかで唯一「健在」であるように見えるのは「食」の世界であるようだが、どうだろう。

「食」こそが、新型コロナ感染症をもたらした元凶だという説がある。これは、中国の（武漢の）食肉市場での野生動物の「肉」の販売が新型コロナウイルスの発生源とあげられていることにかかわるが、むしろコロナの発生は現代人の多様な飽くなき食への欲望に根があると考えることが必要だろう（第5章参照）。現代の「食」の生産は生態系を無視して捕獲し飼育される（野生）動物由来の肉を増産する「工場型畜産」や、大量生産のために伝統的な生産法を無視する「工業型農業」に依存しているといわれており、それがコロナ発生と関係しているとの説もある（吉田太郎『コロナ後の食と農』築地書館、２０２０）。現代のグローバルな食の市場の背後に、人間の（肉食中心の）食への欲望があり、そうした食への欲望こそがコロナを生み出したとも考えられるからである。

だが現代人の食への欲望を、生態系を考慮した「食べもの」に制限することは可能だろうか。人間は「主義や思想で食べる」ことが難しいと思うが、それでも高度資本主義社会のなかの自然の生態系を無視した「食への欲望」とコロナとの関係を考えることは重要だと思う。そういう問題への追求なしに新型コロナ問題に対応できるとも思わない。もちろんコロナからの脱出への方途を、食のあり方への規制よりも医療や科学技術の発展に期待する考えも一理あるかもしれない。

ところでコロナ禍のなかで、「家庭での食（事）」がコロナ感染からの避難・予防空間として重要視されているようだが、これにもコロナの接触感染への防御という観点から国の規制の指示が出ている（厚生省のホームページ参照）。この家庭の食（事）に対する規制は、いわゆる「新しい生活様式」として指示されているものだが、そこでは食（事）の「中身」は規制対象とされてはいない。これは資本主義社会の存続のため、経済活動の維持のためであろうか。

こうした国による（コロナ禍での）食事に対する指示・規制のあり方は、戦争期の「貧食」指示のように、「国家のため」「戦争のため」という直接的指示ではなく、あくまで国民自身の「いのちの保護のため」という間接的指示であり、「自己責任」の領域とされている。だが現実の家庭の食（事）のあり方は政府の指示のようになされてはいないのであり、それでもコロナ禍では感染予防のために自宅での食事が増えていることは確かである。

※：農水省ホームページの「新型コロナの拡大による食生活の変化」（令和三年三月）の統計資料。

コロナ禍の食事のあり方には、次のような特色があるという。ステイホームの推奨のもとで、外食が減り自宅食が増え、とくに若い男性の半数近くが自宅食を行っている：食事つくり（35.5％）、料理（26.5％）、家族と一緒（20％）などに増加がみられるが、料理作りはまだ女性が多く、若い人たちでは男性も加わり、オンラインを利用して購入している。食料の内容については地場野菜などの意識はあるが、それよりもおいしさ・楽しさ・ゆたかさへの関心が強く、外食願望も強い。しかしコロナ禍での安定的な食供給や安全性確保に、国民の15％近くが不安をもっているようである。

日本の新型コロナ対策としての「食」政策には、二種あるようである。コロナ禍の国民の食事のあり方についての指示（「新しい生活様式」の一環）と、国民への食料供給の保証などの取り組みである。後者は「新たな日常」の構築の一環ともいわれているが、これにはコロナ禍の「食」についての経済政策だけでなく、コロナ後を見据えた経済政策も含まれているようだ。

人間の「食」の世界は、基本的には（食料を）作る・売る・買う・調理する・料理する・食べる（消費する）・排泄する・廃棄するなど、個人的かつ共同的な身体的（知的）活動で成り立つ共働・(共)食(事)の世界であるといえるが、産業化と技術化を軸とする食の資本主義の発展によって大きく変化してきた。現代では、食の世界は人間同士の食を介した直接的繋がりよりは、商品(食品)間の関係(価格など)や流通によって成り立つグローバルな世界となっている(とくに外食産業や飲食店はこれによって成り立っている)。つまり現代社会の「食の世界」は、「商品化」によって消費型経済に属するものとして資本主義経済を構成するものとなっている。

こうした現代のグローバルな「食の世界」を新型コロナは直撃しているので、食の経済を危機に追いやるのではないかといわれている(家庭外の多くの食の産業へのコロナの影響)。だが、実はそうではないようである。コロナ禍でも「食の資本主義」のみは健在といえるようだからである。にもかかわらず新型コロナのパンデミックは(食を含む)経済を危機に追いやるといわれるのは、なぜなのだろうか。

デヴィッド・ハーヴェイによれば、現代資本主義経済は「消費型」経済、とりわけ「体験型」消費形態が主力となっているという。消費型経済は現代、国境を越えて、人よりも「もの」の(商品や価格による)間接的交流で成り立つグローバル資本主義経済である。しかしその主要産業(観光業、飲食業、娯楽産業、旅行業、サービス業など)は不特定の人びとによる身体的接触や交わりを忌避できないゆえに、新型コロナ対策の規制対象とされるが、そうした規制は経済社会の経営基盤を危うくするだけでなく、経済全体を脅かすのではないかといわれている。なにしろ消費型経済の「主体」である「消費」が停止すれば、消費によって成り立つ経済は危機に陥るからである。消費型経済で大事なのは消費の継続であり、その消費の継続が人間のいのちをつなぐのである。つまり消費の停止は働く者たちの暮らし、ひいてはいのちをも危機に追いやることになる。こうして消費型経済を維持し、稼働させなければならないという考えのもとで、「食」が重要視されてきたのである。

「食」はいのちを保護するだけではなく、経済危機にも対処しうるものとして維持され活動されねばならないものとなった。「食」はいのちの防御・保証という点だけでなく、同時に経済活動の要なのである。こうした食についての（いのちと経済という）二重の価値づけは、コロナ以前から資本主義社会の中で与えられてきたが、コロナにより一層強くなったといえる。いやむしろコロナ禍では「食」はいのちの保証手段よりは、ある意味では経済活動の中心なのだ。むしろ私たちは現代消費型経済社会の「商品」のもとにある「食」によって、新型コロナ禍のいのちをつなぐといえるようである。新型コロナで対立するといわれている「いのちと経済」は、「食の資本主義」によって共存しているようである。そして家庭の「食」もこの資本主義的経済を支える一環として重要な経済活動なのである。

この食と経済との「共存」はコロナ危機のなかでは、「いのちのため」というよりは、「経済を維持するため」のものになってはいないだろうか。言い換えれば、現代の食と経済との共存は資本主義下にあるもの同士の「併存」にすぎず、「いのちのため」の共生ではないように思う。それゆえにそこでは食の安全性の保証は二の次になっているように思う。現代人の食（事）の内容を見れば、家庭の食は家庭外の外食と同じように、現代の「食産業」を支えるもの、つまりテクノ時代の「食」として機能していることがわかる。家庭の食はすでに「外食〈産業〉の内食化」として、すでに宅配やインターネット注文購入などが取り入れられ、安全性の保証より便利性・即時性・美味が優先されているようだからである。家庭の食（事）はコロナ禍における経済活動の活性化という点から重要視されているのである。

コロナ禍での「食」の世界のなかで残されている問題について、最後に書き留めたい。

これまで家庭の世界と分離されていた家庭外の世界が、外出自粛、自宅勤務や家庭でのテレワークなどのコロナ対策によって、家庭という場に持ち込まれるようになり、あらたな問題がでてきている。日本のような狭い空間の家庭では、家庭と家庭外との境界がなくなって、家庭に混乱が生まれているのだ。

コロナ以前の家庭には、「食（事）のケア」を中心とするジェンダー問題があった。とくに家庭における食（事）は、育児・介護などと同様に、資本主義経済社会のなかでのシャドウワーク、つまりアンペイドワークとして女性たちが担ってきたが、グローバル資本主義の発展にともなう労働状況の変化によって、女性たちも家庭外のペイドワークに参加するようになった。その家庭外の世界でのジェンダー平等化の歩みが少しずつすすむなかで、新型コロナがおき、その対策として自宅勤務や仕事のテレワークが家庭に導入されたのである。こうした動きは家庭にジェンダー平等化をもたらすのでは、と期待されたが、現実は必ずしもそうではないようだ。新型コロナ禍の家庭でも仕事と家庭（ケアワーク）との男女共同分担はあまり進んでいないようである。いまなお食（事）を中心とする家庭内の性役割はあり、多くの負担が女性にかかっている。子どもをもつ女性では、仕事と家庭の食（事）ケアとの二重負担がより大きいようだ。新型コロナ対策における家庭の食（事）の再評価は、男女の「いのちと暮らし」にかかわる「ケア」の平等化につながっていないようである。

3.「食」のゆくえ

コロナ禍に生きる私たちにとって、イエスの「人は食べるために生きるにあらず」という言葉より、「人間とは食べるところのものである」と語ったフォイエルバッハの言葉が、身に染みるのは何故だろう。表題にある彼のこの言葉は、多くの人がまだ食べられない時代に「食べること」の重要性、「食」の意味についての哲学思想的追究の必要性を主張した哲学者の言葉である。だが現代の私たちは豊食のなかのコロナ禍にいる。そうした食べられる時代のなかで、

るのだろうか。なぜ彼のこの言葉が身に染みるのであろうか。この名言は、現代の私たちに何を投げかけてい

「食」、「食べること」は人間の生命存立・維持の基盤である。生きるためには私たちは食べなければならない。しかし私たちは現在、新型コロナ感染症という「いのちの危険」に晒されている。そしてこの新型コロナウイルスに対抗し防御してくれる、人間の保護者・守護神が「食」だと言われているが、「食」とはそういう役割だけしか持たないのだろうか。

もちろんコロナ禍のすべての人に「食」が保証されなければならないのは言うまでもないが、現実はそうではない。世界中で多くの人がコロナ禍で「食べること」に困窮している。社会批判の思想家、フォイエルバッハはこの名言で、「食べること」を一部の人のみに保障するような社会のあり方を批判した。「食」をすべての人間の生存のためのものとし、一部の人間のためのものや、国家・社会経済体制のためのものとしてはならないと、「食」の公平な保障を主張したひとりである。

他方で彼は、人間にとっての「食べること」は、単に生命維持のためだけのものではない、むしろ感性力や創造力、さらに知性という能力をもきり開くものだと言っている。人間相互の共感能力や芸術的能力をもはぐくむ「食べること」がもつ隠れた力を、コロナ感染防御のための社会的道具としてはならないと、この名言は示唆しているように思う。

だがコロナ禍のなかで、いま食の世界で新たな動きが少しずつ始まっている。「フードテック」といわれる食の技術革命である。これは科学技術によって「食」がもつ「自然性」を改造しようという動きである。代表的なのは農業で、ここでは「スマート農業」といわれるAIやIoTの人工的技術による生産法を始めとして、生産者が都会のビル内の人工的空間で水や電気を使用して、野菜などを生産する方法がすでに始まっている。また環境破壊などの問題の多い畜産では、培養肉や代替肉―前者は動物の細胞の改造や培養による肉の生産、後者は豆等の植物の加工による人工的な肉（こちらはすでに都会の大手スーパーに出ている）による新タンパク源の生産である。さらに宇宙食や昆虫食や様々な人工的な栄養食品もある。だがこれだけではない。料理法の技術革命もある。いわゆるスマート調理器具である。食材を投入するだけで料理してくれる電気調理器だ。

こうした新しい「食」の技術的改造世界の登場を考えると、改めて、人間にとって「食」の「自然性」とは何だろうかと思う。コロナ後の食の未来は既に開かれつつあるようだからである。フォイエルバッハの「人間とは食べるところのものである」は、イエスの「人間は食べるために生きるにあらず」という言葉と重なっているのだと、改めて感じている。

【参考文献・全註】

【フォイエルバッハの「食」に関する主要著作】

（以下の著作は、第Ⅰ部のフォイエルバッハの「食の哲学」に関する主要文献である）

※GW：Ludwig Feuerbach, Gesammelte Werke, hrsg. V. W. Schuffenhauer, Akademie-Verlag, Berlin. 1967 － .

『フォイエルバッハ全集』全18巻、舩山信一訳、福村出版、1973 - 76年。

WC：*Das Wesen des Christentums*.1841.『キリスト教の本質』：GW5

GPZ : *Grundsätze der Philosophie der Zukunft*.1843.『将来哲学の根本命題』：GW9

WR : Das Wesen der Religion.1846.『宗教の本質』：GW10

WD : Wider den Dualismus von Leib und Seele,Fleisch und Geist. 1846.「身体と心、肉と霊との二元論に抗して」：GW10

VWR: *Vorlesungen über das Wesen der Religion*.1848.（1851）『宗教の本質に関する講義』：GW6

NR：Die Naturwissenschaft und die Revolution [Über : Lehre der【参

NR：Die Naturwissenschaft und die Revolution [Über : Lehre der Nahrungsmittel. Für das Volk. Von J.Moleschott]（Rezension）. 1850.『自然科学と革命』：GW10

TQA：*Theogonie nach den Quellen des klassischen, hebräischen und christlichen Altertums*.1857.『古典的、ヘブライ的、キリスト教的古代の史料に基づく神統記』：GW7

GO：Das Geheimnis des Opfers oder Der Mensch ist, was er ißt. 1862.『供儀の秘密あるいは人間とは自らが食べるところのものである』：GW11

USM：Über Spiritualismus und Materialismus, besonders in Beziehung auf die Willensfreiheit.1866.『唯心論と唯物論について』：GW11

【河上睦子：「食」に関する著作】

1997『フォイエルバッハと現代』御茶の水書房
2003a「〈女性、身体、自然〉への現代的視角」『社会思想史研究』No.27
2003b「環境思想としてのエコフェミニズム」『季報唯物論研究』第85号
2004『フォイエルバッハ―自然・他者・歴史』(「総論」「身体哲学の構想」)、フォイエルバッハの会編、理想社
2008『宗教批判と身体論―フォイエルバッハ中・後期思想の研究』御茶の水書房
2012「食をめぐる母たちの苦しみ―フクシマとミナマタ―」岡野治子・奥田暁子編『希望の倫理―自律とつながりを求めて―』知泉書館
2014「和食とイデオロギー」『季報 唯物論研究』第126号
2015a『いま、なぜ食の思想か―豊食・飽食・崩食の時代』社会評論社
2015b「孤食という問題？」『季刊　現代の理論』デジタル第4号、コラム
2015c「フォイエルバッハ後期思想の可能性―〈身体〉と〈食〉の構想」『日本ヘーゲル哲学研究』21、日本ヘーゲル学会編、こぶし書房
2016a「現代日本の〈食〉とイデオロギー」『環境思想・教育研究』第9号、環境思想・教育研究会編
2016b「共食と共生―食・ジェンダー・ケア」唯物論研究協会第39回大会報告、レジュメ（2016/10/23）
2017「〈食〉の哲学入門―孤食について哲学する」『季報 唯物論研究』第140号
2018a「フォイエルバッハの「食の哲学」の近年の研究について」『フォイエルバッハの会通信』第106号（2018/3/25）
Cf：『フォイエルバッハの会通信』http://www17.plala.or.jp/tamaaster/fb.html
2018b「フォイエルバッハの「『食の哲学』考―『供儀の秘密』を中心に」『フォイエルバッハの会通信』第107号、(2018/6/15)
2018c「フォイエルバッハ研究の立ち位置について――私のフォイエ

ルバッハ研究を振り返る」『フォイエルバッハの会通信』第 109 号、(2018/12/15)
2019a　解題『犠牲の秘密、または人間は彼が食べるところのものである』[フォイエルバッハ全集第三巻(3 〜 72 頁)、船山信一訳、福村出版、1974 年。
所収：安井大輔編『フードスタディーズ・ガイダンス』ナカニシヤ出版、75-180 頁。
2019b　「〈食の哲学〉入門」：大阪哲学学校編『生きる場からの哲学入門』、新泉社、125-146 頁。
2020a「現代日本の〈食〉の問題とジェンダー」：鳴子博子編著『ジェンダー・暴力・権力』、晃洋書房、(第 9 章) 165-186 頁。
2020b「新型コロナと『食の資本主義』」『季刊 現代の理論』デジタル第 23 号、論壇。
2021　「コロナが変える『食』の世界―『いのちと経済』で揺れる『食の思想』を考える―」『季報、唯物論研究』第 155 号「食の思想」特集（河上睦子・山口協責任編集)、58-70 頁。

【註】

第I部・まえがき

(1) 国際フォイエルバッハ学会（DIE INTERNATIONALE GESELLSCHAFT DER FEUERBACH-FORSCHER）、拙著：2008『宗教批判と身体論』序論（6 － 11頁）参照。

(2) ラヴィドヴィッツ（S. Rawidowicz）などの代表的なフォイエルバッハ研究者のほとんどは食論を評価していないが、ビーダーマン（G. Biedermann）やターナー（B.S.Turner）などは唯物論の立場から評価している。Cf：ラヴィドヴィッツ『ルードヴィヒ・フォイエルバッハの哲学』上、桑山政道訳、新地書房、1983年、211-216頁。ビーダーマン『フォイエルバッハ』尼寺義弘訳、花伝社、1988年、153-154頁。ターナー『身体と文化』小口信吉他訳、文化書房博文社、1999年、193-196頁。

(3) 哲学は伝統的に生活領野の問題を扱わなかったという歴史をもっている。

第1章

(1) 彼は、革命時から無神論者として警察の監視対象になったことや、1851年：長兄アンゼルムの死、1852年：母の死、1860年：ブルックベルクの陶磁器工場の破綻によりレッヘンベルクへ移住等が起きている。

(2) フォイエルバッハの食論の内容については、拙著『いま、なぜ食の思想か』第4章第1節に、その概要を示しているので参照していただきたい。

(3) 翻訳書はJ.モレスホット著『市民のための食物学』井上剛輔訳、創英社／三省堂書店、2011年。

(4) このことに関しては、拙著『フォイエルバッハと現代』参照。

(5) フォイエルバッハの48年革命への関わりについては、『宗教の本質への講義』（GW6、船山信一訳全集11-12巻）参照。

(6) 南直人『〈食〉から読み解くドイツ近代史』ミネルヴァ書房、2015年、参照。

(7)「自然科学者はもっぱら民主政治のなかに救いを見る」(GW10,S.350)

(8) モーレショットは革命時のフォイエルバッハの「宗教の本質の講義」を受講した一人であり、それを踏まえて、自分の著書の書評をフォイエルバッハに依頼したようである。両者の関係は、柴田隆行『連帯するエゴイズム』第5章参照。

(9) Opferは「犠牲」の訳があるが、本書では内容から「供儀」と訳する。

(10) 彼のこうした食論についての歴史的意義が「唯物論者」「宗教批判者」という「レッテル張り」や「イデオロギー」のために今日まで無視されてきたことを、忘れてはならないだろう。

(11) 古代ギリシアの神話では、子山羊を食うヘラ女神、イノシシや熊を食うアルテミス神、魚を食うアポロン神、生肉を食うバッコス神など、多様な神々が「食べ物」で表示され、その神々同士や人間との関わりを通して、その民族共同体の結束をはかる、と彼はいう。

(12) 古代ギリシア宗教では神の食べ物は「アンブロシア」、飲み物は「ネクタール」という「天上(空想上)の食べ物」となり、人間の食べ物は地上の食べ物になっている。

(13) GW10,S.339,340、内的自然と外的自然との区別は1848年の講演でも使用されている(GW6,S.349).

(14) 尾関周二他編『哲学中辞典』知泉書館、2016年、1047頁。

(15) 本章・註3)(同書5頁)。

(16) GW10, S.360。彼は「物質代謝」の社会的な語義については知らなかったようである。

(17) 彼自身は「自然主義者又は人間主義者」と語っている。(GW.6,S.257)

(18) シュティルナーとの論争については、拙著『フォイエルバッハと現代』第1部第3章(163~165頁)。滝口清栄『マックス・シュティルナーとヘーゲル左派』理想社、2009年等参照。

(19) 彼の「我と汝の哲学」の「汝Du」は、当初は他者・他我という「他の人間」を意味していたが、徐々に「非我Nicht-Ich」という「自然」を意味するようになる(cf:GW6, S.350)。

(20) 彼固有の「エゴイズム」概念については『宗教批判と身体論』180~189頁参照。

(21) 国際フォイエルバッハ学会副会長の柴田隆行氏は、フォイエルバッハのいう「エゴイズム」は「生身の人間の本質」であり、それを通して他者との連帯を可能にする社会論的語義をもつものだと述べている。cf『連帯するエゴイズム』こぶし書房、2020 年。

(22) 1848 年革命時の宗教講義の 7、8 回目講義には宗教での人間犠牲 Menschenopfer のみ論及されている。

(23) こうしたエゴイズム概念は、今日エコロジー問題で主題化されている人間中心主義思想の源的思想であるように思う。

第 2 章

(1) この章は、日本ヘーゲル学会のシンポジウム（2014 年 6 月 15 日開催）【フォイエルバッハとヘーゲル―宗教をめぐる対話】の筆者の報告原稿をもとにしている。「フォイエルバッハ後期思想の可能性―「身体」と「食」の構想―」（『ヘーゲル哲学研究』Vol.21、51-63 頁）。なお一部図表やフォイエルバッハの文献表示は削除した（彼の著作【註】の最初の頁で記している）。

(2) フォイエルバッハの今日的研究は国際学会を中心に、新たな文献学的な検証のもとになされている。フォイエルバッハの会編『フォイエルバッハ―自然・他者・歴史』理想社、2004 年参照。

(3) フォイエルバッハのキリスト教に対する評価については、拙著『フォイエルバッハと現代』第 2 部第 2 章参照。

(4) 拙著『宗教批判と身体論』41-46 頁参照。

(5) Hans-Jürg Braun, Die Religionsphilosophie L.Feuerbachs, Stuttgart-Bad Cannstatt 1972,S.139.

(6) イェシュケ：ヘーゲル『宗教哲学講義』（山崎純訳、創文社、2001 年）の「日本語版への編者序文」。.

(7) 彼の身体論は A.Schmidt による「感性的実存」の内容として提示されたが、その後、U.Reitemeyer や W.Wahl、B.S.Turner 等によって独自の理論内容として注目されるようになった。

(8) 拙著『宗教批判と身体論』第一部第一章。「「『マリア』についての人間学的考察―フォイエルバッハのマリア論を中心に」『人間社会研

究』5、相模女子大学人間社会学部研究誌、2008 年。
(9) 拙著「フォイエルバッハの身体論」『理想』No.670、2003 年参照。
(10) USM における彼の身体論とショーペンハウアーの身体論との対比については、ザフランスキーやシュミットの見解もある。拙著「意志と幸福衝動―フォイエルバッハとショーペンハウアー」『相模女子大学紀要』68A、2005 年。
(11) ヘーゲルの心身二元論超克論（唯心論論哲学の代表）については、この著（GW11.S.144-163）に出てくる。彼によれば、唯心論的超克論は「我」の自己同一的な身体に回収されるので、「我―汝」の身体活動がもつ物質性や個別性を止揚してしまうと批判的である。
(12) この肉体力論がもつ思想的可能性については、拙著『宗教批判と身体論』261-262 頁参照。
(13) この著は船山信一の全集訳では、Opfer が「犠牲」となっているが、内容から考えると「供儀」がふさわしい。
(14) ターナーは身体文化論の立場から、フォイエルバッハ哲学は拒食症などに関する理論的追究を試みたと評価した。ターナー（B.S.Turner）, The Body and Society, London 1996.（『身体と文化』小口信吉・藤田弘人・泉田渡・小口孝司訳、文化書房博文社、1999 年）
(15) これは、J. Moleschott：Lehre der Nahrungsmittel. Für das Volk,Erlangen 1850（モレスホット『市民のための食物学』井上剛輔訳、創英社・三省堂書店、2011）の書評である。
Moleschott の日本語訳は「モーレショット」が一般的である。
(16) ギリシア神話の神々は、人間と違って、食べ物の採集調達や飢えの苦しみをもたない独自の食べ物（アンブロシア）と飲み物（ネクタール）をもつといわれている（GW11.S.27）
(17) ブリア・サヴァラン『美味礼讃』上下、関根秀雄・戸部松実訳、岩波文庫、1967 年。この著作の原著の題は『味覚の生理学』である。Brillat-Savarin,Physiologie Du Goût,1826.
(18) 彼の食の哲学の詳細は、拙著『いま、なぜ食の思想か』第四章第一節、社会評論社、2015 年参照。

第3章

【参考図書】

フォイエルバッハの会編2004『フォイエルバッハ―自然・他者・歴史』理想社
レオン・R・カス2002『飢えたる魂―食の哲学』工藤政司・小澤喬訳、法政大学出版
亀山純生2003『現代日本の宗教を問い直す』青木書店
石毛直道1982『食事の文明論』中公新書。2009『食の文化を語る』ドメス出版
南直人編2014『宗教と食』ドメス出版
原田信男1993『歴史のなかの米と肉ー食物と天皇制』平凡社。2014「日本―道元と親鸞」：南直人編著『宗教と食』所収
中村生雄2011『肉食妻帯考』青土社
道元：1991『典座教訓・赴粥飯法』中村璋八・石川力山・中村信幸訳注、講談社学術文庫
山口雅弘編著2008『聖餐の豊かさを求めて』新教出版社

【註】

(1)「自然科学と革命」は、J.モーレショットの以下の本の書評である（邦訳：モレスホット『市民のための食物学』井上剛輔訳、創英社、2011年）。

(2) フォイエルバッハは彼の感性的身体論を、後期には「人間は身体をもつと同時に肉体を生きる」という受動的かつ能動的な感性的身体活動として考えるようになります（河上睦子『宗教批判と身体論』第2部第3章参照）。

(3) 日本の伝統的な禁肉食主義は、健康のための禁肉食主義思想である今日のベジタリアニズム思想と同じではありません。後者は個人の意志選択によるものです。

(4)「肉食」に「妻帯」が付加されたことについては、食欲と性欲との関係を示していますが、男性中心主義が明確です。

(5)「五観の偈」：(1)功の多少を計り彼の来処を量る、(2)己が徳行の全闕

と付って供に応ず、(3)心を防ぎ過貪等を離るるを宗とす、(4)正に良薬を事とするは形枯を療ぜんが為なり、(5)道業を成ぜんが為に應にこの食を受くべし。

(6) こうした食べものと食べる人間との相応的関係は、ブリア・サヴァランの言葉にも見られます。「君がどんなものを食べているか言ってみたまえ。君がどんな人であるかを言いあててみせよう」『美味礼讃』上下、関根秀雄・戸部松実訳、岩波文庫、1967年。

(7) 藤原辰史『ナチスのキッチン』水声社、2012年。

(8) 共食物語といわれるのは、マルコ6、8章、マタイ14、15章、ルカ9章のそれぞれの一部です。

(9)「聖餐」はキリスト者たちによる宗教的に意味付けされた食事、「愛餐」は教会内でおこなわれる兄弟的な食事といえます。『岩波キリスト教辞典』2002年。この両者の関係は、救いを求める病者・障がい者・悩める者・苦にある者たち(「貧しき者」たち)へのキリスト教の救済の問題でもあるといわれています。

(10) 聖餐の語は、ギリシア語「ユーカリスト」(感謝)に由来し、ラテン語「交わり」を意味する「コミュニオン」もあらわしています。

(11) これは、神道の「米」や仏教の儀礼食の「精進料理」にも該当する問題です。

(12) この著作の詳細は、拙著2018b;「フォイエルバッハの「『食の哲学』考―『供儀の秘密』を中心に」参照。

第4章

解題、『犠牲の秘密、または人間は彼が食べるところのものである』(「フォイエルバッハ全集」第3巻、3-72頁、船山信一訳、福村出版、1974)、所収:安井大輔編『フードスタディーズ・ガイダンス』ナカニシヤ出版、2019、175-180頁

補稿

参照:「フォイエルバッハ研究の立ち位置について――私のフォイエルバッハ研究を振り返る」『フォイエルバッハの会通信』第109号、

(2018/12/15)
・国際フォイエルバッハ学会
http://www.uni-muenster.de/EW/forschung/forschungsstellen/feuerbach/kooperationen/international.htm
・日本のフォイエルバッハ研究は、「フォイエルバッハの会」のホームページ参照。
旧・http://www17.plala.or.jp/tamaaster/fb.html
新・http://kamisabu54.wixsite.com/website
・フォイエルバッハの会編『フォイエルバッハ―自然・他者・歴史』理想社、2004年。
・服部健二『四人のカールとフォイエルバッハ』こぶし書房、2015年。
・川本隆『初期フォイエルバッハの理性と神秘』知泉書館、2017年。
・石塚正英『フォイエルバッハの社会哲学』社会評論社、2020年。
・柴田隆行『連帯するエゴイズム』こぶし書房、2020年。

第5章

(1) 2021年3月24日の時点では、世界の感染者数は12369万人を超え、死者は272万人以上である。日本の感染者数は459355人、死者8922人である。各国でGDPの縮小は顕著であり、その影響を受けて事業継続ができなくなったり失業したりして、貧困に苦しむ人々は少なくない。日本では自殺者の増加が著しい。
(2)「食の思想」とは、個人の食(事)についての考え方よりは、むしろそれを支えている社会的時代的な食に関する観念・思想だと私は考えている。拙著『いま、なぜ食の思想か』(「はじめに」参照)。
(3) ラッセル・ミッターマイヤー「ブッシュミート――ウイルスにとっての「食肉市場」。井田徹治「環境と生態系の回復へ」『世界』2020年8月号。
(4) 吉田太郎『コロナ後の食と農』築地書館、2020年。
(5) これは地球環境汚染の原因として食料廃棄物やプラごみなどを生みだす構造である。
(6) 厚労省ホームページの食事に関する「新しい生活様式」は、以下の実践例が書かれている。【・持ち帰りや出前、デリバリーも屋外空間で気持ちよく　・大皿は避けて、料理は個々に・対面ではなく横並びで座ろう・料理に集中、おしゃべりは控えめに・お酌、グラスやお猪口の回しのみは避けて】

(7)「新しい生活様式」には、国民一人ひとりの基本的感染対策として「身体的距離の確保、マスクの着用、手洗い」を掲げ、コロナ禍の食事のあり方だけでなく、買い物・交通機関の利用・娯楽・スポーツ・イベントなどの利用や参加法についての国民の日常生活の行動、さらに働き方まで指示がなされている。

(8) 朝日新聞朝刊（2020/6/25）。拙著2020b：「新型コロナと『食の資本主義』」参照。

(9) その後、緊急事態宣言下の飲食業などに罰則を伴う法律（「改正特別措置法」など）が2021年2月3日に公布された。

(10) 田原総一朗「調査5カ国で『感染は自業自得』が突出して高い日本」『週刊朝日』、2021年3月5日号。

(11) 上原義広『被差別の食卓』稿」等の分析参照。『フードスタディーズ・ガイドブック』（安井大輔編、ナカニシヤ書房）

(12) 森鉄平「食べるモノがない人たち」『農業と経済』vol.86,No.11、2020・12月号。『世界』:「コロナ災害化の貧と困」特集」2020年12月号。

(13) 2021年1月27日の参院予算委員会で、新型コロナウイルス感染拡大の影響で生活に困窮する人たちへの支援を巡り、菅義偉首相が「最終的には生活保護」と答弁したことが問題となった。なお厚生労働省の生活保護の理念は「資産や能力等すべてを活用してもなお生活に困窮する方に対し、困窮の程度に応じて必要な保護を行い、健康で文化的な最低限度の生活を保障し、その自立を助長する制度」であり、憲法25条が保障する〈健康で文化的な最低限度の生活の権利〉」と説明している。

(14)『世界』2020年6、7月号。コロナ禍で閉鎖した子ども食堂なども多かったが、その後は社会的支援が少しずつ広がっているようである。

(15) 拙著2017：「〈食〉の哲学入門―孤食について哲学する」参照。

(16)「引きこもり」などに伴う「孤食」には精神的問題が述べられてきたが、精神科医の斎藤環氏は、コロナ禍では食事に関する社会的状況を入れた別の見方が必要だという。
(17) 拙著 2019b:「『食の哲学』入門」『生きる場からの哲学入門』参照。
(18) 木立正直「コロナ禍による食品流通の変容と展望」、横川潤「コロナ禍とフードサービス」、所収『農業と経済』2020 年 12 月号。
(19) 拙著 2020a:「現代日本の〈食〉の問題とジェンダー」参照。コロナ禍で女性の非正規労働者は労働時間の短縮や雇用止め等にあっており、日々の食事を含む生活苦に直面しているという。これについては、改めて考える必要がある。竹信三恵子「女性を直撃するコロナ災害」『世界』2020 年 12 月号。
(20) ただ確認しておきたいのは、コロナ禍では多くの飲食業・観光業・旅行業などの娯楽関連食産業では経営がなりたたず、倒産や休業・勤務時間短縮に追いこまれ、そこで働いている人びとも失職、失業、生活苦においやられている。新食（事）産業はコロナ下の食産業への代替産業となっていることを確認しておかねばならないだろう。
(21) 拙著『いま、なぜ食の思想か』第 2・3 章参照。
(22) 食（事）を中心とする現代人の「食」の考え方の分類には、食の「業」（農・漁・畜等）との関係、食事法、食文化、宗教、民族、地域からの分類などもある。岡田哲編『食の文化を知る辞典』東京堂出版、2010 年等。
(23) 食（事）に関する健康主義思想は、健康知識・栄養学・養生学などの知識、健康食品・栄養食品・医薬品・人工栄養品などの食品情報、食事法・産地・食材管理・食環境の情報などにあらわれているが、健康を阻害する食品添加物などのリスク情報もある。
(24) 拙著 2016a:「現代日本の〈食〉とイデオロギー」108-115 頁。
(25) WHO は「健康」を以下のように定義している。「健康とは身体的・精神的・精神的・社会的に完全に良好な動的状態であり、たんに病気あるいは虚弱でないことではない。」
(26) 古沢広祐「コロナ危機の現代的意味とアフターコロナ時代の展望」『農業と経済』2020.12 月号

(27) この名文の著作については、『フォイエルバッハ全集』第3巻、船山信一訳、福村出版、1974年。本書第1部第1章ほか参照。
(28) 拙著『宗教批判と身体論』244 − 256頁。『フードスタディーズ・ガイドブック』所収・筆者著「フォイエルバッハ」175-180頁、参照。
(29) 彼の「食の哲学」は「宗教批判哲学」を踏まえている。この名文も、イエスの「人はパンのみにて生きるにあらず」の名言の対極にある。「パン」は自然由来の麦などを「人間力」で改造したものであるが、イエスは、そういう人間力は神から賦与されたものであるとした。フォイエルバッハは、そのパンを人間主義と自然主義とが両立する世界から考えた。そこから彼は、キリスト教から自然宗教へと研究するようになる。(本書第I部参照)

第6章

【参考図書】:「孤食」に関する著作

・ブリア・サヴァラン 1967『美味礼讃』上下、関根秀雄・戸部松実訳、岩波文庫
・スティーブン・メネル 1989『食卓の歴史』北村美和子訳、中央公論社
・ミルトン・メイヤロフ 1993『ケアの本質』田村真・向野宣之訳、ゆみる出版
・デボラ・ラプトン 1999『食べることの社会学』無藤隆・佐藤恵理子訳、新曜社
・大平健 2003『食の精神病理』光文社
・伏木亨 2005『人間は脳で食べている』ちくま新書
・池上甲一・岩崎正弥・原山浩介・藤原辰史　2008『食の共同体』ナカニシヤ出版
・岩村暢子 2012『変わる家族・変わる食卓』、2012『家族の勝手でしょ!』新潮文庫
・桝潟俊子・谷口吉光・立川雅司編著 2014『食と農の社会学』ミネルヴァ書房
・品田知美 2015『平成の家族と食』昭文社

・尾関周二 2015『多元的共生社会が未来を開く』農林統計出版
・村田ひろ子、政木みき、萩原潤治「食生活に関する世論調査」、2016、『放送研究と調査』66（10）（11）、NHK 放送文化研究所 世論調査部
・エイミー・グプティル＋デニス・コプルトン＋ベッツィ・ルーカル 2016『食の社会学』伊藤茂訳、NTT 出版

【註】

(1) 拙著 2015a：『いま、なぜ食の思想か』（第 2 章、第 2 節）参照
(2) 参 1 ：近年の食の学問
(3) レオン・R・カス 2002（参 2）（ix 頁）
(4) 参考図書参照
(5) 孤食は英語では、solitary eating とか eating alone といわれているが、その対義語である「共食」は co-eating という。
(6) 村田ひろ子ほか 2016、66（11）
(7)「個食」とは同じ食卓で個人が別々の食事（内容）をとること、「ながら食」は別のことをしながら食事することをいう。
(8) 2013 年 12 月のアメリカの大手民間調査機関ギャラップ社の発表によれば、アメリカで 18 歳以下の子供のいる「家族そろっての夕食に関する調査」結果では、食のスタイルの変化は少なく、毎日家族皆で夕食をとる世帯が過半数、共食高頻度 3 割、半数以下 2 割程度の割合を示しているといわれている。（https://news.yahoo.co.jp/byline/fuwaraizo/）
(9) 岩村暢子 2012、品田知美 2015
(10) 長谷川真理子「変化するヒトの食習慣―技術革新が奪う『社会性』」毎日新聞、2017/6/4 東京新聞・朝刊
(11) 山極壽一 2012『家族進化論』東大出版会
(12) 藤原辰史 2016「〈食〉とイデオロギー」『環境思想・教育研究』第 9 号、河上睦子 2016a
(13) 食に関する「人間と自然との共生」問題には、「農」の問題についての哲学的考究が不可欠である。尾関周二 2015
(14) 河上睦子 2016a：「現代日本の〈食〉とイデオロギー」参照。

(15) Ludwig Feuerbach, フォイエルバッハ（1804-1872）
(16) 河上睦子 2015b：「孤食という問題？」参照。
(17) 伏木亨 2005
(18) サヴァラン 1967（236 － 251 頁）。彼の著書『味覚の生理学』は『美味礼讃』という見事な翻訳名が付けられている。

第7章

【参考図書】

・熊倉功夫：2014「ユネスコ無形文化遺産に登録された本当の理由」＝和食の真髄、『ヘルシスト』226 号、ヤクルト、平成 26 年7月 10 日発行
・藤原辰史：2008「台所のナチズム－場に埋め込まれる主婦たち」池上甲一・岩崎正弥・原山浩介・藤原辰史著『食の共同体』ナカニシヤ出版。2012『ナチスのキッチン─「食べること」の環境史』水声社
・尾関周二：2015『多元的共生社会が未来を開く』農林統計出版
・テリー・イーグルトン：1999『イデオロギーとは何か』平凡社
・ルース・シュウォーツ・コーワン：2010『お母さんは忙しくなるばかり－家事労働とテクノロジーの社会史』高橋雄造訳、法政大学出版
・ベティ・フリーダン 1986（1965）『新しい女性の創造』三浦冨美子訳、大和書房
・マイケル・ポーラン 2014『人間は料理をする』上、野中香方子訳、NTT 出版

【註】

(1) ここで「食」とは、「食べモノ」「食べるコト」にかんする人間の諸活動の「総体」であり、「食活動」とは、生物学的知的（意識＋技術）活動、個人的かつ共同的（社会文化的）活動を意味している。
(2) 拙著『いま、なぜ食の思想か』第 1 章、15-19 頁。
(3) ユネスコによる食の世界無形文化遺産は、現在、フランスの美食術、メキシコの伝統料理、地中海料理、和食文化、韓国の「キムジャン文化」

などが登録されている。
(4) 彼を中心に和食の世界無形文化遺産登録を推進したグループは、「和食文化国民会議」という社団法人を組織して、和食推進のための国民運動を展開している。
(5) 熊倉功夫 2014
(6) こうしたナショナリズムの動向は、食の世界に限ったことではないし、また日本に限ったことでもない。昨今ではユネスコの登録において、南京事件資料の記憶遺産をめぐる日中の論議、「明治日本の産業革命遺産」における強制労働をめぐる日韓の論議、そして「従軍慰安婦」をめぐる論議などに、ナショナリズムのイデオロギー論争がみられる。
(7) 拙著 2015a:『いま、なぜ食の思想か』（第 3 章第 3 節）参照。
(8) 藤原辰史：2008、2012。
(9) なお近代国家は近代化の基盤である産業化・工業化をおし進めるために、多くの女性たちを下請け労働者とした。しかし女性たちの本分は私的領域にあるとされ、家計を維持するために、家族を助けるために女性たちは過酷な労働に従事したのである。
(10) 2021 年の日本のジェンダーギャップ指数は 120 位 /156 か国という状況である。
(11) コーワンによれば、これらの家庭電化製品はその操業主体を専業主婦に想定していたために、現実には女性たちは家事から解放されなかったと指摘している。
(12) ベティ・フリーダン：1986、251 頁。
(13) マイケル・ポーラン 2014、225 頁。
(14) ポーラン、同上。

第 8 章

【参考図書】

・マーサ・A・ファインマン（2003）『家族　積みすぎた方舟』上野千鶴子監訳、学陽書房。(2009)『ケアの絆―自律神話を超えて』穐田信子・速水葉子訳、岩波書店。(2012)「ジェンダーとケア」『講座ジェンダー

と法』2巻、ジェンダー法学会編
・マリーナ・ガムバロフ他（1989）『チェルノブイリは女たちを変えた』グルッペＧＡＵ訳、社会思想社
・エヴァ・フェーダー・キティ（2010）『愛の労働あるいは依存とケアの正義論』岡野八代・牟田和恵訳、現代書館。（2011）『ケアの倫理からはじめる正義論』岡野八代・牟田和恵訳、白澤社
・Maria Mies,Veronika Benholdt-Thomsen and Claudia von Werlhof（1991）Woman:The Last Colony,Zed Books（マリア・ミース／ヴェロニカ・ベンホルト＝トムゼン／クラウディア・フォン・ヴェールホフ著『世界システムと女性』古田睦美・善本裕子訳、藤原書店、1995年）
・Maria Mies,Vandana Shiva（1993）Ecofeminism, Zed Books
・スーザン・ジョージ、マリア・ミース、ヴァンダナ・シヴァ他（1998）『食糧と女性』アジア太平洋資料センター（PARC）
・マイケル・ポーラン（2014）『人間は料理をする』上、野中香方子訳、NTT出版
・石毛直道（1982）『食事の文明論』中公新書、（2009）『食の文化を語る』ドメス出版
・井上輝子・上野千鶴子・江原由美子編（2009）『新編　日本のフェミニズム：第2巻』岩波書店
・伊吹美貴子（2018）「80年代フェミニズムにおける総撤退論を再考する―マリア・ミースのサブシステンスの視座から」『日本女子大学院紀要』24号
・上野千鶴子・綿貫礼子（1996）『リプロダクティブ・ヘルスと環境』工作舎
・岡野八代（2012）『フェミニズムの政治学』みすず書房。（2017）「継続する第二波フェミニズム理論」『同志社アメリカ研究』第53号
・尾関周二・亀山純生・武田一博編著（2005）『環境思想キーワード』青木書店
・落合恵美子（2004）『21世紀家族へ（第3版）』有斐閣
・表真美（2010）『食卓と家族―家族団らんの歴史的変遷』世界思想社

・菊地夏野（2019）『日本のポストフェミニズム』大月書店
・小杉礼子・宮本みち子編著（2015）『下層化する女性たち』勁草書房
・斎藤純一（2003）「依存する他者へのケアをめぐって」『「性」と政治』日本政治学会編
・佐藤一子・千葉悦子・宮城道子編著（2018）『〈食といのち〉をひらく女性たち』農文協
・渋谷望（2013）「からみあう貧困・災害・資本主義」『社会学年誌』第54号
・品田知美・野田潤・畠山洋輔（2015）『平成の家族と食』晶文社
・竹井恵美子編（2000）『食とジェンダー』ドメス出版
・東方沙由理（2018）「日本におけるエコロジーへのケアの不在」『季刊　変革のアソシエ』32号
・福永真弓（2016）「エコロジーとフェミニズム：生（life）への感度をめぐって」『大阪府立大学女性学センター論集』23号
・古田睦美（2002）「『北の女性』とサブシステンス・パースペクティブ」『社会運動』263号
・桝潟俊子他編著（2014）『食と農の社会学』ミネルヴァ書房
・見崎恵子（1999）「女性の意識・役割の変化と食」石毛直道監修『食の文化（７巻）―食のゆくえ』（118-136）、農山漁村文化協会
・安井大輔編（2019）『フードスタディーズ・ガイドブック』ナカニシヤ出版（河上睦子：175-180）「ルードヴィヒ・フォイエルバッハ」稿。
・山極壽一（2012）『家族進化論』東京大学出版会

【註】

(1) 女性の食産業へのかかわりの変化については、佐藤一子他編著（2018）参照。

(2) 表真美はこの「食卓」の役割について、「家族団らん」との関係から「食育」の「イデオロギー」的側面も問題化している（2010：142）。

(3) 湯浅誠（2017：75-84）『「なんとかする」子どもの貧困』角川新書。志賀文哉（2018）「〝食堂活動〟の可能性」『富山大学人間発達科学部紀要』（12-2号）

(4) ポーランによれば、ボーヴォワールは、食事作りについて「重圧」にもなるし、「一種の啓示と創造」にもなると（両面性を）考えていたという。マイケル・ポーラン（2014：225）『人間は料理をする』上、野中香方子訳、NTT 出版。

(5) 食問題への取り組みに関しては、日本では生活者運動やごみ問題などの環境運動や生協や生活クラブを始めとする消費者運動などが取り組んできた。そこから日本のエコフェミニズムは「エコロジーとフェミニズムの合体」よりは「環境運動とフェミニズムの合体」であるといわれる。萩原なつ子（1997）「エコロジカル・フェミニズム」『フェミニズム』江原由美子編、新曜社。

(6) 1980 年代の青木やよひを中心とする日本のエコフェミニズムは、「エコフェミ論争」で反近代主義・母性主義・本質主義などの批判を受けて、それ以降、理論展開されなかったといえる（河上睦子：2003a）。

(7) 1990 年代、日本のフェミニストたちの間で、女性の社会的労働への参与や各人の生き方をめぐる論争（「女性のコア参入論争」）が起きるが、これは後述するエコフェミニズムのサブシステンスの考え方の問題を含んでいた。伊吹美貴子（2018：10）。

(8) この欧米のエコフェミニズム理論は、M・メラー、ヴァンダナ・シヴァ、マリア・ミース、C・v・ヴェールホフ、ヴェロニカ・ベンホルト・トムゼン、C・V・ヴェールホフ、ヴァル・プラムウッド、カレン・ウォレンなどの思想が翻訳書を通して紹介された。（河上睦子：2003b）。

(9) 綿貫のこの視角は、他のフェミニストにも共鳴を与えたが、これは 80 年代エコフェミニズムの科学的医療技術批判や反核運動の産業科学技術批判の継承でもあった。

(10) ミースは食の安全性問題は、女性における食（事）担当において一番重要な関心事であるという。また食糧安全保障が国連の重要な主題となっているが、グローバル資本主義の拡大によって産業経済側の視点が重要視され、食べる人間の視点が軽視されていると批判している。スーザン・ジョージ、ミース他（1998：24）。

(11) こうした食のエコロジー的考えをもっとも著わしたのが、宮沢賢治であろう。彼は「肉」を食べることが動物を殺すことであると気づき、ベジタリアンであろうとしたが、人間の食自体が全ての生き物を殺すことにつながっていると自覚し、ベジタリアニズムの限界を知る。人間の食行為とは生き物を殺し食べることである、と述べている。河上睦子（2015：172-191）。

(12) エコフェミニストたちは、無償の家事労働をする女性（＝主婦）たちと同様に、男性たち（の労働）も資本主義的市場経済のもとでその手段となっていることを「主婦化 Hausfrauisierung」といっている。

(13)「ポストフェミニズム」には、フェミニズム運動を「終った」とみる考えと、フェミニズム理論の欠陥を補完しようという考えがあるが、ここでは後者をとりあげる。

あとがき

本書は、現代日本の「食」ブームのなかで、必要ではあるがあまり追求されていないだけでなく、ほとんど論じられたりすることもない「食の哲学」への考究の試みである。

この「食の哲学」への考究は、二〇世紀後半から始まり、二一世紀以降巨大化してきた「食の世界」の産業化（資本主義化）・脱地域化、技術化の歩みが、人間の手の届かないところまで発展してきたにもかかわらず、人間にとっての「食」・「食べること」とはなにか、という不可欠な問いが忘れられているという現実から出発している。そしてその問いのいとぐちをもとめて、本書は、表題にあるフォイエルバッハの「人間とは食べるところのものである」との言葉を手掛かりに、「食の哲学」を追究してみたものである。

私は長く大学で、哲学、倫理学、社会思想などの講義を通して、「現代社会のなかで人間が生きるということ」はどういうことなのかなどについて、学生たちとともに思考してきた。そしてそういうなかから、人間にとって生きることの土台である「食べることとはなにか」への問いにたどりつき、いまもなお「食の人間学的意味」について思考している。

そうした私の思索の歩みのなかで、私の研究の主対象であったフォイエルバッハの後期哲学思想のなかに、表題に掲げた彼の名文を見出すとともに、その背後に「食の哲学構想」があるのを認識し、その哲学的意味について考えるようになった。

その間に、私は「食の思想」という広い視野からも食研究を試み、七年前に『いま、なぜ食の思想か──豊食・飽食・崩食の時代』（社会評論社、二〇一五年）という本を出版したが、その後、多様な食の思想の土台をなしている「食」についての「哲学的探究」の必要性を改めて感じるようになった。それにしても、なぜ物事の根本についての思考を求める哲学には「食の哲学」がないのだろうかと考えるようになり、その出発点を求めていたところ、フォイエルバッハの「食の哲学構想」にたどり着いたのである。本書の第Ⅰ部は、そうした私のフォイエルバッハの「食の哲学構想」の解読・解釈である（なお補稿に、フォイエルバッハ哲学についての日本の研究の歩みを補足した）。

いうまでもないが、現代社会の食の世界の「現実」は、多様な諸相や諸問題を抱えている。そうした食の多様な問題についてどのように考えればいいのか、その入り口すらも現実には見えていないように思う。しかし複雑な現代の「食」の問題についての糸口を求める思索が、今日求められている。本書の第Ⅱ部は、そうした日本の「食のあり様」が抱えている問題についての私の見解である。その各章では、日本の食の世界がコロナ禍でどのような状況にあり、また変化しつつあるのか。私たち日本の日々の食（事）の場での変化を象徴する「孤食」や「共食」の問題、「食のケア」などの問題だけでなく、とくに食（事）にかかわる「ジェンダー」や「エコロジー」の問題などについて考えたものである。。

〈初出一覧〉

第Ⅰ部

第1章　「食の哲学」への道程・・・（書き下ろし）

第2章　「身体」と「食」の構想

「フォイエルバッハ後期思想の可能性―〈身体〉と〈食〉の構想―」（『ヘーゲル哲学研究』Vol.21、五一―六三頁、二〇一五年。（一部削除）

第3章　「食の哲学」入門―フォイエルバッハを参考に「食と宗教」について考える

『生きる場からの哲学入門』第Ⅰ部第五講、一二五―一四六頁、大阪哲学学校編、新泉社、二〇一九年。

第4章　ルードヴィヒ・フォイエルバッハ『犠牲の秘密、または人間は彼が食べるところのものである』（解読）

『フードスタディーズ・ガイドブック』（安井大輔編、ナカニシヤ出版、一七五―一八〇頁、二〇一九年。

補稿　フォイエルバッハ研究の軌跡
『フォイエルバッハの会』通信、一〇九号、二〇一九年。（改稿）

第Ⅱ部

第5章　コロナが変える「食（事）の世界」―「いのちと経済」で揺れる「食の思想」を考える―
『季報　唯物論研究』第一五五号、五八‐七〇頁、二〇二一年五月。。

第6章　「孤食」について哲学する
『季報　唯物論研究』第一四〇号、五四‐六五頁、二〇一七年、（改稿）

第7章　〈食〉とイデオロギー
『環境思想・教育研究』　第九号、一〇八‐一一五頁、二〇一六年。（改稿）

第8章　現代日本の〈食〉の問題とジェンダー
鳴子博子編著『ジェンダー・暴力・権力』（第九章）、一六五‐一八六頁、晃洋書房、二〇二〇年。
〈一部改稿〉

終　章　食のゆくえ……〈書き下ろし〉

最後に、本書もまた前著『いま、なぜ食の思想か』に続いて、社会評論社の松田健二社長にお世話になった。コロナ禍という出版事情の悪いなかでの本書の公刊に、心よりお礼申し上げます。

二〇二二年七月
河上睦子

ね

の

は

そ

た

ち

く

け

き

索　引

『「人間とは食べるところのものである」』正誤表

92頁9行目　Schuffenhauar　→　Schuffenhauer

141頁11行目　共通性もが　→　共通性も

166頁表中3行目　「おふくろの味」」→「おふくろの味」

265頁エコフェミニズム　167　→　193-198

（著者紹介頁）『神の再読・自然の再読』（フォイエルバッハの会）共編著、理想社、2004）　→　『神の再読・自然の再読』（共著、理想社、1995）

上記、訂正しお詫び申し上げます。　社会評論社

河上睦子（かわかみ　むつこ）

相模女子大学名誉教授。博士（文学）。総合人間学会理事。
専門；哲学・社会思想。

【著書】『いま、なぜ食の思想か―豊食、飽食、崩食の時代』（社会評論社、2015）。『フォイエルバッハと現代』（御茶の水書房、1997）。『宗教批判と身体論』（御茶の水書房、2008）。『神の再読・自然の再読』（「フォイエルバッハの会」共編著、理想社、2004）、等。

※〈食〉関連著作:「フォイエルバッハ人間学の再解釈」（『総合人間学 5』、学文社、2011）。「〈エコフェミニズムの今日的意義〉を考える」（『環境思想・教育研究』第 13 号、2020）。「コロナが変える『食』の世界―『いのちと経済』で揺れる『食の思想』を考える」『季報、唯物論研究』第 155 号「食の思想」特集（河上睦子・山口協責任編集）、2021、等。

「人間とは食べるところのものである」（Der Mensch ist, was er ißt.）
―「食の哲学」構想―

2022 年 10 月 20 日　初版第 1 刷発行

著　者：河上睦子
発行人：松田健二
発行所：株式会社 社会評論社
東京都文京区本郷 2-3-10
電話：03-3814-3861 Fax：03-3818-2808
https://www.shahyo.com
装幀：中野多恵子
組版：株式会社カテナ
印刷・製本：株式会社ミツワ

プーチン 3.0

殺戮と破壊への衝動

塩原俊彦 / 著

揺らぐ世界秩序。侵攻へと駆り立てたものの本質に迫る。問題は、そのプーチンを追い詰め、戦争にまで駆り立てた世界全体の構造にある。それは、近代化が生み出した制度への根本的問いかけを含むものだ。つまり、本書で語りたいのは、制度が軋み、爆発したという世界秩序のほうであり、プーチンはそのなかに登場する「悪人」の一人にすぎない。

2600 円＋税　A5 判並製 304 頁

ウクライナ 3.0

米国・ＮＡＴＯの代理戦争の裏側

塩原俊彦 / 著

米国の「好戦論者」の一方的なやり方に異論を唱え、冷静に議論できなければ、民主国家の優位自体が失われることになる。マスメディアは主権国家の代理人たる一部の政治家と結託し、公正中立といった理念からかけ離れた報道に終始している。この現状を是正するには、本書のような解説書が何よりも必要であると自負している。

1800 円＋税　A5 判並製 160 頁

甦るマルクス

「晩期マルクス」とコミュニタリアニズム、そして宮澤賢治

大内秀明 / 著

前作『日本におけるコミュニタリアニズムと宇野理論』に、宇野弘蔵「社会的労働協同体」論考を追加、「マルクス―モリス―宮澤賢治―宇野弘蔵」という、大内秀明が遺書のつもりで書いた大内コミュニタリアニズム論。

2500 円＋税　A5 判並製 312 頁